図解日本の文字

沖森卓也・笹原宏之
常盤智子・山本真吾 著

三省堂

本文組版・装丁——大貫デザイン事務所

まえがき

日本語は、漢字・平仮名・片仮名、そしてローマ字という複数の文字体系で書かれます。たとえば、「猫」「ねこ」「ネコ」「NEKO」のように書くことができます。一つのことばに対して、このような多様な書き方ができる言語は世界に類例がありません。ローマ字は別にしても、どの表記を用いればよいかと困惑した経験もあるのではないでしょうか。現代はパソコンや携帯電話などの情報機器の発達によって、手書きするだけでなく、キーを打ち、文字を選ぶということも多くなってきました。インターネットの発達によって、大量の文字情報をすばやく手に入れることもできます。

このように、文字はますます私たちの身近な存在として格段にその重みを増しています。また、日本語の文字表記は多様である反面、多元的な歴史的背景を持ち、複雑な点も少なくありません。そこで、不明な点を解決したい、初歩から学びたいというような、日本語の文字や表記に興味を持つ方々のために本書を編集しました。

先に刊行した『図解日本語』に倣って、図や表などをできるだけ多く掲載し、見やすく読みやすくするとともに、できるだけ平易に解説することを心がけました。本文の説明を補足する事柄や、それぞれの事項と関連する情報などは脚注に示した場合もあります。初歩的な知識からやや専門的な内容に至るまで、広く、また必要に応じて、深く学習できるように工夫しました。

興味を持った章から読み始めてください。とりあえずは知りたい部分だけ読むというのもよいでしょう。文字について何か疑問に感じる事柄が生じたら、すぐに手にとって読んでください。本書によって、日本語の文字表記に対する理解がより深まれば幸いです。そして、広く日本語に対して興味を持ってくださることを期待しています。

著者一同

目次

第1章 総説

第1節 文字の機能と特性

1 言語における文字

言語は、思想や感情を表現したり、意志を伝達したりするために、社会的に組織化された記号の体系である。それは音と意味とが結びついた語を用いて、文法という規則によって顕現化される。

言語の表現・伝達の様式（mode）には音声と文字がある。話すという行為を通して音声で表出する場合と、書くという行為を通して文字で表出する場合とであり、歴史的には前者が後者に先行する。人類が使い始めた言語が自然言語であるのに対して、文字言語は音声言語を視覚的に人工的に移し替えたものである。このことから、音声言語は第一義的であり、文字言語は第

■「文字」と「表記」

「文字」は、線で形作られる、特定の音を表す記号を呼ぶのに対して、その文字を使って一定のルールに基づいて書くことを「表記」と言う。この「表記」は、ある語や文などを書き記した（複数の）文字という意味で用いられることもあるのに対して、「文字」は記号としての形態をさす場合が多い。また、文字を書き記すことを「書記」とも呼ぶが、「書記」は文章を事務的に、または記録として書き記すという意味が強く、動的なニュアンスを伴う用語として用いられることが多い。

■文字素

文字の最小の単位を文字素（grapheme、字素・書記素なども呼ぶ）と称することがある。たとえば、アルファベットは単音を表すことから、それが文字素となるが、大文字・小文字の場合には次のようにとらえて、

A＝a＋《大文字化》

右辺の二つの要素をそれぞれ文字素と呼ぶこともある。

また、これを漢字に応用して、たとえば「清」は《三水》＋《青》という要素に分けることも可能であることから、その義符（意符）、声符（音符）などのたぐいを文字素と呼ぶ試みもある。

■主な言語の表音文字の字母数

ラテン文字	26
ギリシア文字	24
ロシア文字	33
グルジア文字	40
アラビア文字	28
デーバナーガリー文字	54
タイ文字	44
ビルマ文字	52
朝鮮文字（ハングル）	24
日本文字（平仮名）	48

大文字・小文字を区別せず、語中の位置による変化形がある場合、独立形のみを数える、など基本的な文字の概数による。

（中西亮『世界の文字』〈松香堂、1975〉をもとに作成）

二義的であるとも言われる。

ただし、文字は単に音を移し替えたものではない。文字の発生が象形という手法に由来することでも明らかなように、言語が伝達する内容は、ある観念、もしくはその複合である。それは、音だけではなく、ある概念内容をもつ語からなる構造体であって、文字は基本的に語を映し出すものである。その語の一面として、音を単位化して書き表すこともできるという性質をもつ。

2 文字の成立

文字はヒトの認識を記号化するという点で、絵画と類縁性をもっている。いわゆる絵文字、たとえば、✍ ✈ ✄ ☎ は、概念との結びつきが直接的で、それぞれ〈書く〉〈飛行機〉〈鋏〉〈電話〉という意味を喚起する。ただし、それがことばの一種でないというのは、特定の音との結びつきがないからである。特定の音と結びつかないということは、言語の一単位としての語を表したものとは言えない。たとえば、☞は人差し指で指し示すさまを描写したものであるが、特定の概念との結びつきは一定していない。〈参考・参照すべき内容を示すもの〉〈要点を示すもの〉〈注意点〉などいろいろな解釈が可能である。このように、絵文字は視覚符号とでも言うべきもので、言語の基本的性質である分節性に欠けているのである。

ただ、それが言語記号としての文字

■音声と音韻

ことばとして発する音を「音声」と言う。音声は音声器官を通して発せられ、意識的にそれを区切って発音することもできる。たとえば、「タイ」をタ・イというように区切って発音した場合の、それぞれの音の単位を音節と呼ぶ。

さらに、そのタはゆっくり発音すると、tとaに分けられるが、それ以上に区切っては発音できない。このような音声上の最小単位を「単音」と言う。

単音は、人によって、また状況によって微妙に発音が異なる場合もある。他方、意味の違いとかかわらないものとしてまとめられる音を「音韻」、その最小単位を「音素」と呼ぶ。

図1-1 シュメール文字

シュメール人がシュメール語を表記するためにつくった文字体系をシュメール文字と呼んでいる。その世界最古の字形は、ウルク（現名Warka、アッカド語Uruk）遺跡の第4層から出土した絵のような文字で、これをふつうウルク文字と呼んでいる。その年代は正確には不明であるが、紀元前3100年前後かと言われている。

右は、家畜に関する記録で、裏面（下側）の丸い記号は数字の10を、半円形の記号は数字の1を表し、その右の記号は上が牡牛、下が牝牛を表している。表面はその明細で、それぞれの枠に頭数と人名が記されている。（→図1-5 楔《くさび》形文字）

ウルク出土の会計文書

［出典］河野六郎・千野栄一・西田龍雄『言語学大辞典 別巻 世界文字辞典』（三省堂、2001）より

を創出する母胎であったことは疑いのないことで、物の形をかたどった象形文字が人類の文字の起源であることは歴史の示すところである。世界最古の文字であるメソポタミアの楔形《くさびがた》文字（シュメール文字）は、物品名とその数量を記すために用いられはじめたと言われている（図1-1）。インカ帝国で縄に結び目を付けて数を記述する方法「キープ」（Quipu）も、それに類似のものである（これを「結縄《けつじょう》文字」と呼ぶ）。

このように象形文字が特定の概念と結びつくようになると、行政上の記録、さらに宗教的儀式や王家の記録など、いわば政治的権力のシンボルとしても用いられるようになる。一般に社会の構造が複雑になると、音声では伝達できず、文字によって広い空間に対して、意思を伝えねばならない。楔形文字、エジプトのヒエログリフ（聖刻文字）、漢字など、文字の発明が国家の起源と密接に結びついていると言われるのはそのためである（表1-1）。

3　音声言語と文字言語

音声は話し手が口に出して生き生きと発するもので、その発話態度には話し手自身の発話意図や感情など、さまざまな情報も込められている。ただし、それは、近代に発達する録音という保存形式を除くと、発せられると同時に消えてしまうという一回性のものである。すなわち、音声言語は聴覚による

表1-1　象形文字の対照表

	「水」	「山」	「足」	「鳥」	「魚」	「蛇」
シュメール文字						
エジプトの象形文字						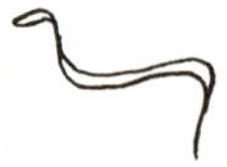
中国の甲骨文字						
補注	漢字の「川」の古い字形は 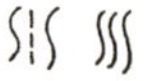	漢字の古形は連山、とくにそのそびえるさまをかたどっている。	シュメール文字の足の象形は“足”の意味では使われない。	頭部のみを描くのはシュメール文字の特徴。	いずれも魚の象形であるが、それぞれの特徴がよく現れている。	漢字は「它」の古形で、蛇の原字。

［出典］河野六郎・千野栄一・西田龍雄『言語学大辞典　別巻　世界文字辞典』（三省堂、2001）より

直接的伝達である。

これに対して、文字は視覚による言語伝達であり、生き生きとした発話から、アクセントやイントネーション、プロミネンス、ポーズなどの音の抑揚・強弱などの付随的要素を余剰なものとして排除し、文脈を客観化し固定化する。文字に固定化された伝達内容は、それを書き記したものを持ち運べば、空間を自由に移動できる。それによって為政者の意志を中央から地方へ過不足なく伝達できるということになり、巨大国家における行政的伝達に不可欠なものともなった。このような、音声言語が有する空間的制約から解放した点に文字言語の特性がある。

空間的移動が可能であるということは、時間的移動を可能にすることでもある。書かれた内容は後世に保存され、音声言語の、発せられた瞬間に消滅するという弱点を克服することになった。この時間的制約からの解放は人類にとってさらに大きな意義をもつ。

ちなみに、音声言語のもとに文字言語が存在すると思われがちであるが、それらは別個に存在する場合もある。たとえば、中世ヨーロッパにおけるラテン語、東アジアにおける漢文、インドにおけるサンスクリットなどは文語（書きことば）として、音声言語とは別個の言語体系として用いられていた。

4 文字言語の特性

文字言語は繰り返し読むことができ

■言語の線状性と文字

スイスの言語学者フェルディナン・ド・ソシュールは、言語の根本的性格の一つとして時間軸における聴覚的展開の線状性をあげる。これは第一義的に言語が音声を素材としているからである。それは「書く」という行為が原則として筆による線で表されるという意味で、文字を素材とする場合にも時間軸における線状性が認められる。

聴覚が一次元的に空気の振動という直線的に進行する一方、視覚による伝達という文字は二次元ないし三次元的に空間的に展開される。音声は、一定の場面に話し手と聴き手がいて、微妙なニュアンスを含みながら、連続して流れる。この直接的伝達は個人間の直接的伝達には極めて便利であるが、その場限りのものである。

一方、文字は音声の微妙なニュアンスやアクセント・イントネーションなど、いかに優れた表音文字でも、また音声を詳しく書き表すためにつくられた国際音声字母（いわゆる発音記号）によってもその複雑さを写すことは不可能である。音声ほど豊かに伝達することができないものの、書かれた瞬間に消えることのない恒久性が文字にはある。

■文字言語の保守性

音声の変化は世代間において連続して継承されていく間に現れるが、文字言語の変化は非連続的である。一旦確立された文字の言語形式は音声、つまり口語の変化に対し、文語として長い間保持される。

しかし、人類において言語を使用していない者はいないが、文字を知らない種族は過去に数多くあったし、現在でも文字を知らない者もいる。その社会では音声によって直接伝達されるが、この方がむしろ自然な言語行動であるとも言える。このことは音声が人間において自然な言語行動であるのに対して、文字が文化的所産であることを示している。

る。このことは、忘却の危険性、記憶の曖昧さを排除することを可能にする。今後なすべき物事を常に念頭に置くことができたり、後代に生じる問題を解決する糸口になったりすることにもなる。

さらには、書かれた文章には人間のさまざまな知が含まれている。文字言語によって、知識が蓄積され、文脈（思考回路）が復元されることも可能になる。知を追体験することによって、考えが深まり、知識が積み重ねられていくのである。知が組み替えられ、文章表現を通して思索が深まるところに文学が生まれ、学問が成立する。

その意味で、文字は言語形態としては第二義的ではあるが、第一義的な音声と比べても遜色のない、むしろそれよりはるかに大きな文化的意義を担ってもいるのである。

5 文字の定義

文字とは、特定の言語において社会習慣的に、その言語形式（形態素、または単音もしくは音素など）を、一定の規則に基づいて体系的に記録する記号を言う。

文字は線または点によって構成された形態をもつが、これにはさまざまな単位がある。

▶字体……線や点からなる全体の骨組みについての抽象的な概念をさす。たとえば、「吉」は「士」の下に「口」を組み合わせたものという概念によっ

■文字と知識

文字の読み書きは、その文字の発明当初においては書記者にのみ委ねられていた。これが次第に支配者層、または特定の知識階級に使用が拡大し、文字は特定の階級の共通語となっていく。これが知識の独占となる一面もあったが、印刷技術の発明によって識字層がさらに拡大し、次第に知は大衆化していく。

現代においては電子化による情報交換の飛躍的な発達によって、文字言語という伝達形式は社会生活上、極めて重要な価値をもつようになり、まさしく大きな歴史的転換期を迎えていると言える。

■文字の単位

平仮名・片仮名は音節文字であり、日本語の子音プラス母音というCV構造に照応する文字体系である。ただし、[ʃa]と「しゃ」のように、音節と文字とが形態の上で一致しない場合もある。

一音節が一文字であるという性質は、漢字の基本的性質でもある。日本語の音節を漢字で書き記したことに由来して、仮名が成立していることは、その両者の共通性を物語っている。

朝鮮語で用いられるハングルは表音文字であるが、音節単位でまとまりを有するのも、漢字音が朝鮮語に与えた影響によるものである。

■文字の弁別的特徴

文字は点画によってそれぞれが特徴づけられている。漢字を例に主な点を次に示す。

①長さ（および方向）……
「田」と「由」と「甲」
「土」と「士」
「末」と「未」
②撥ね……「于」と「干」
③点の位置……「太」と「犬」
④起筆の位置……「匕」と「七」

ちなみに、「文字」の「文」は象形文字のような単体のものを、「字」は形声文字や会意文字のように、二つ以上の要素から合成されたものをさすと言う。

て識別される。このように、ある文字を別の文字と弁別する形態上の観念を「字体」と言う。

▶字形……字体は筆書されたり印刷されたりして、物理的な形をもって具体化、外面化される。このような可視的に示された文字の形を「字形」と呼ぶ。明朝体・教科書体などという印刷文字のほか、同じ書き手でも書くごとに形が異なったり、個人的な書きぶりとして多様であったりする手書きの文字から、たとえば行書体とかイタリック体とかと呼ばれる体系的な様式に包摂されるべきものまで、さまざまな文字の具体的な形態を総称して呼ぶ（図1-2）。

▶書体……字形のうち、一定のスタイルを共通してもっていたり、その歴史的成り立ちを同じくしたりする字形の集合を「書体」と言う。たとえば、明朝体は縦画が太く横画が細いという一定のスタイルがあり、ゴシック体は太めの線で全体が構成されたものをいい、また、隷書は篆書を省略して簡略にしたものをさす（図1-3）。

▶字種……「土」の下に「口」を組み合わせた文字は「吉」とは形態が異なるが、戸籍上の表記などに用いられているように、両者は同一の文字と認められる。このような、他とは異なる示差的特徴を有するものとして、文字の集合（たとえば漢字）を構成する一つ一つのものを「字種」と言う。

図1-2 明朝体と手書き

無	—無	無
言	—言	言
保	—保	保
来	—来	来
陸	—陸	陸
令	—令	令
女	—女	女
外	—外	外
叱	—叱	叱

図1-3 さまざまな書体

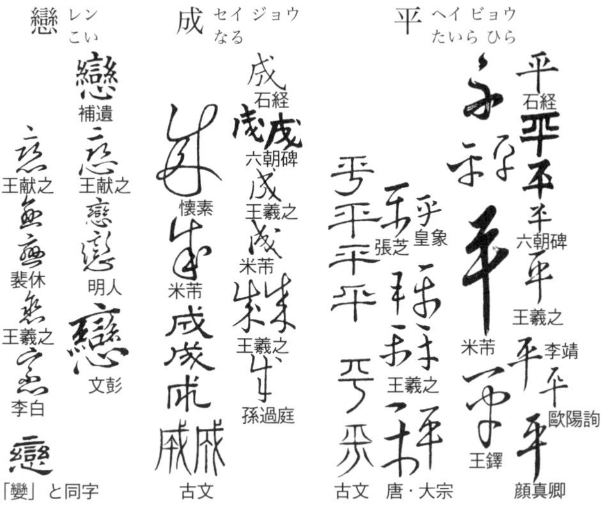

［出典］高田竹山監修『五体字類』（西東書房、2004）より

第2節　文字の分類とその歴史

1　文字の分類

世界の文字を分類すると、大きく表語文字と表音文字に分けられる。

- 表語文字
- 表音文字
  - 音節文字
  - 単音文字

表語文字は表意文字とも呼ばれてきたが、その一つである漢字を例にすると、「一」「山」はそれぞれ意味（「一」は〈数の、ひとつ〉、「山」は〈地形の、やま〉）を表すが、同時に音（「一」はイチ、「山」はサン）をも表している。すなわち、全体としては言語単位の上では語を表すものであることから、「表語文字」と名付けるのが適切である。

これに対して、表音文字は語の音だけを表すものをさし、それには音節を直接表すものと単音（音素）だけを表すものがある。日本語の平仮名・片仮名は前者の代表的なものであり、ローマ字や英語などのアルファベットは後者に相当する。ただし、アルファベットの場合、語の単位で分かち書きされるのが一般的である。また、ハングル

図1-4　世界の主要文字圏概略図

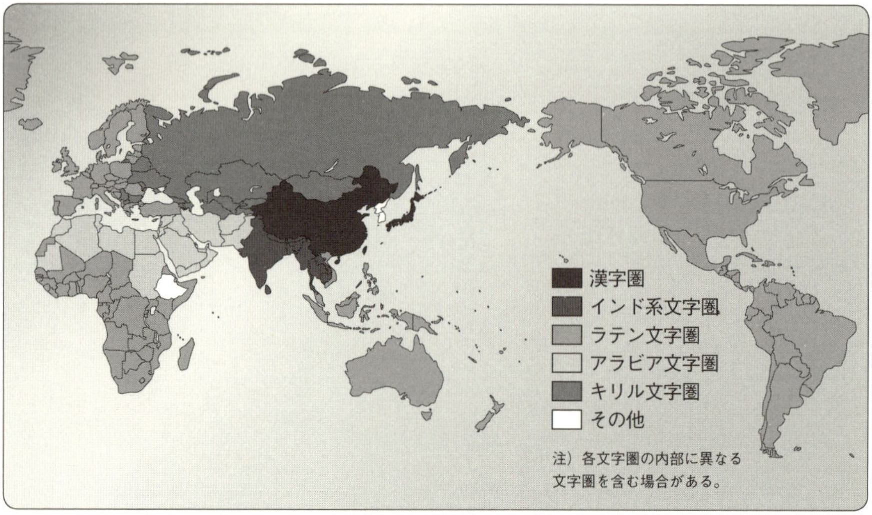

［出典］河野六郎・千野栄一・西田龍雄『言語学大辞典　別巻　世界文字辞典』（三省堂、2001）より

のように、単音文字であるが、音節相当で一定のまとまった形を構成するものも見られる（図1-4)。

2 文字の誕生と古代の文字

現在確認されている最古の文字は紀元前3500年頃にメソポタミアで用いられた楔《くさび》形文字（シュメール文字）であるが、これは、エジプトのヒエログリフ、インダス文明の原インダス文字、中国の漢字（甲骨文字）や、マヤ文明のマヤ文字などとともに表語文字である。このことから、文字は表語文字を起源としていると認められる。

ただ、その楔形文字もすでに最古の資料において、表語文字の用法以外にも、音節を表す表音用法（漢字で言う仮借《かしゃ》）の用法が見られる。これは、ある語を表す文字をその語と同じ、または類似の音をもつ別の語にも用いる、いわゆる「当て字」の用法である。このように、表語文字が古くから音節、または音節の一部を表すという表音的用法をも兼ね備えていたことは注目される（図1-5)。

その際、楔形文字やヒエログリフなどでは、音形を借りると同時に、意味範疇を示す弁別的要素として限定符（Determinatives）を用いて記された。これは、漢字における、音を表す声符と、意味範疇を表す義符とからなる形声という構成原理と相通じる手法によるものである。

図1-5 楔形文字

シュメール文字はもと絵のような文字を尖った筆で線状に粘土板に書いていた。その後、葦を切り取った尖った筆先で粘土板に押しつけて書くようになったため、角張った直線状の楔形の字形となり、原字を横に寝かせて書くようになった。その形状から楔形文字とも呼ばれる。

その文字構成法は象形から発生したが、物をかたどるという手法では動詞、副詞など、抽象的な意味の語を表すことはむずかしい。そこで、〈食べる〉という語は「顔」と「パン」を組み合わせて表す方法（漢字の会意)、〈小麦〉は音符gigに、穀粒を意味する義符を添えて表す方法(漢字の形声)〈太陽〉utuという文字は〈日〉ud、〈白い〉babbar、など隣接する意味の語にも転用する方法（漢字の転注)、などというように、漢字の六書と同じような構成法で用いられた。

	古拙文字	前2350年頃	アッシリア文字	補　注
会意				ka「顔、口」とninda「パン」を会してkú「食べる」を表す。
指事				線の交叉によってkúr「敵、他人の、別の」などを指す。
形声				は意符で卵または穀粒、は音符gíg, gig「小麦」を表す。
仮借				temen「土塁」の音価の一部の類似からte「近寄る」にも使用。
転注				原意utu「太陽」からud「日」、babbar「白い」、zalag「清い」その他に転用。

［出典］河野六郎・千野栄一・西田龍雄『言語学大辞典　別巻　世界文字辞典』（三省堂、2001）より

3 子音文字の派生

エジプトのヒエログリフは、母音を無視した表音文字としても用いられていた。これがセム語族の言語を表記する場合にも用いられ、書きやすい線形の字形に変形させて、特に子音だけを表記する純粋な表音文字の体系が派生した。このような単音文字を単子音文字と呼んでいる。それは、セム語族の言語は子音（ふつう3子音）だけで語根が構成されていたため、文脈によって母音（ふつうａ・ｉ・ｕの三種）を類推することができるという性質に即応するものでもあった。

この一種であるフェニキア文字からアラム文字(紀元前900年頃　シリア)を経て、単子音文字の系統として400年頃にアラビア文字が生じ、イスラム教の普及とともに周辺に広まった。

同じくアラム文字から、紀元前600年頃にインドで母音随伴型子音文字であるブラーフミー文字が成立した。音節文字から単子音文字が派生する過程では、すでにヒッタイト文字などのように母音随伴型のものも存在していた。ブラーフミー文字は各子音が母音ａを伴っており、他の母音と結合する場合にはその子音文字に記号を追加して記し、また随伴母音が存在せず、単に子音だけで用いる場合は脱母音記号を付すという方法をとっている。ブラーフミー文字系の文字はインドやネパールで用いられるほか、クメール文字

■文字の配列と向き

縦書き・横書きなど、文字を書き進める方式にはさまざまなものがある。

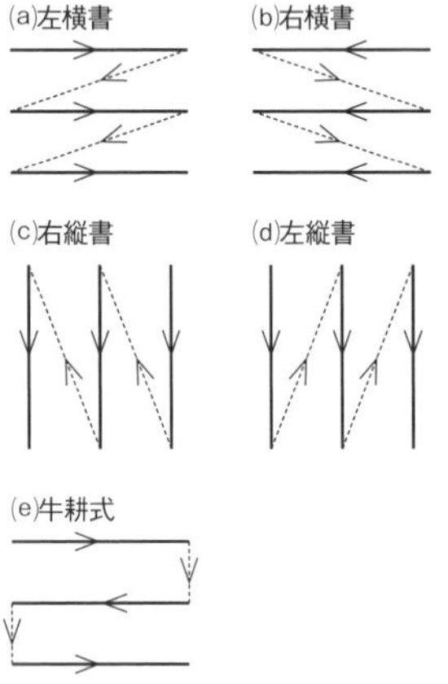

シュメール文字の配列は左から右に書く(a)左横書であり、複数の文字が上から下に縦に続く欄の中に書き込まれた（図1-1「ウルク出土の会計文書」参照）。

古代のエジプト文字は古くは上から下へ、また、左横書、右横書と配列は自由で、文字を左右逆（鏡文字）のようにも書いて、人間や動物の象形文字の、顔の向きがその行の文字の方向を示すというものであった。その後は通常は右から左へと(b)右横書されるようになった。フェニキア文字も(b)右横書であり、この文字配列は現在のアラビア文字にも受け継がれていく。

紀元前2000年頃に楔形文字を借用したヒッタイト語は、1行目は左から右へ、2行目は右から左へ、3行目は左から右へと横書きされる、いわゆる(e)牛耕式で書かれた（前記のように、左右逆に書くことで文字の方向を逆にする）。セム語系文字ではこの牛耕式が引き継がれるが、紀元前7世紀頃になると、ペンとインクを用いるようになったことから、左から右への(a)左横書に固定化した。

ギリシア語も古くは(b)右横書に書かれていたが、紀元前3世紀頃から左から右の(a)左横書に書くようになった。

漢字は(c)右縦書の代表的なもので、日本語も同じくこれが用いられる。

なお、モンゴル文字では(d)左縦書が用いられている。

（カンボジア）、ビルマ文字、タイ文字などがその流れを汲んでいる。

4 アルファベットの成立

紀元前1000年紀の初め頃にギリシア人は、単子音文字のフェニキア文字を借用し、ギリシア語（インドヨーロッパ語族）に適応するように改変していった結果、新たに母音を表す文字が工夫されて、子音・母音ともに単音として把握するアルファベットの文字体系を作り上げた。

これがエトルリア文字（紀元前800年頃　イタリア）を経てラテン文字となり、広くヨーロッパに普及することになった。また、同じくギリシア文字から9世紀のグラゴル文字を経て、キリル文字も成立した。

5 表音文字と音韻の関係

もともと表音文字はその原初においては特定の音と対応するように用いられた。しかし、言語は時代とともに変化していくものであるから、文字とは別個に、発音が前代とは異なるようになった場合も少なくない。

たとえば、英語で古くはア［a］（および長音［aː］）をaで書き綴ったが、大母音推移を経て、その音が［ei］に変化し、また、eeの綴りがエー［eː］からイー［iː］という発音に変わった。

name〈名前〉

［na:me］→［nɛ:m］→［neim］

queen〈女王〉

■文字の発展段階

［表現手段］
先段階1　結縄など

先段階2　絵文字……表文（表意）

［文字構成法］　［言葉の単位との関連］
第一段階　象形字形・指事字形……表語（表意）文字

第二段階　会意字形……表語（表意）文字
第三段階　形声字形・注音字形
仮借字形……表音文字（音節、単音）

第四段階　表音字形……（表）音節文字／（表）単音文字

［出典］講座『言語』5『世界の文字』（大修館書店、1981）より

■西欧語のアルファベット

アルファベットは同じ文字を用いるが、それぞれの言語によって表す音が異なる。

「c」ラテン語　ケー［k］
フランス語　セー［s］
ドイツ語　ツェー［ʦ］
英語［k］cut、［s］celemony
「j」ドイツ語　ヨット［j］
スペイン語　ホタ［x］
フランス語　ジ［ʒ］
英語　ヂェイ［ʤ］
「v」ラテン語　ウー［u］
フランス語　ヴェ［v］
スペイン語　べ［b］
ドイツ語　ファオ［f］
「ch」イタリア語［k］che
フランス語［ʃ］chat
ドイツ語［ç］ich
英語［ʧ］church

[kwe:ne] → [kwi:n]

このように、もとの綴り字と発音にずれが生じることはよく見られることである。

日本語でも、助詞「は・へ」はそれぞれ「は」[ha]、「へ」[he] という発音とは異なり [wa] [e] であり、また、「を」は助詞の [o] にしか用いられない仮名であって、本来の [wo] という発音を失ったものである。それらは音韻との関係で見ると、一見不合理にも感じられるが、文脈の上でそれが助詞であることを明示するという大きな働きを果たしている。

一方、表音文字でありながら、多様に読まれ、また、現在においては発音されないものもある。英語のスペリングにおいて同じghはghostでは [g]、enoughでは [f]、nightではighで [ai] を表し、thoughtでは音を示さない。さらにnightとknightとでは発音は同じであるが、kの有無によって語の弁別ができるというように、その綴り法には表語性が強く影響しているとも言える。

6 文字と語の関係

表語文字が現代でも公用語に用いられているのは中国語の漢字ぐらいである。中国語が表語文字を用い続けてきた要因としては、中国語において語は基本的に一音節（単音節）で構成され、そのような音節形態が一つの文字と対応するというように、形態的に両者の

■音韻変化と表音文字

言語は時代とともに変化していく。すなわち、音韻においても前代とは異なる場合が少なくない。

たとえば、9、10世紀頃の日本語で、ファ [Φa]（現代語 [ha] の古形）という音は平仮名では「は」（変体仮名を除く）で書き表されていた。しかし、[Φa] という発音は、11世紀頃には、「かは」（川・皮）のように語頭以外（もしくは文節の初め以外）に位置する場合、ワ [wa] に変化してしまった。

そのため、[kawa] という語を平仮名で書く場合、前代の書き方を継承して「かは」と書くか、発音通りに「かわ」と書くか、両用が見られることとなった（このような語頭以外のハ行音がワ行音になる現象を「ハ行転呼音」と言う）。

今日、前者は「歴史的仮名遣い」、後者は「現代仮名遣い」と呼ばれる書き方に相当する。

	発音	用いる仮名
《語頭》	[Φa]	「は」

《語頭以外（文節の初め以外）》

発音	用いる仮名
[Φa]	「は」
↓	↓
[wa]	「は」「わ」

助詞の [wa] を「は」、「つづき」などの [zu] を「づ」と書くのは、語における結びつきによるものと言えよう。

■黙字

表音文字では、語の表記に用いられた文字が読まれない場合もある。knifeのkや、thoughtのghなどのたぐいである。このような発音されない文字を黙字（silent）と言う。

high　know　gnaw　write
often　castle　climb
walk　sword　Wednesday

同じく、name、knifeの語末のeも発音されない。ただし、その語末のeは、子音（それぞれm、f）の前に位置する母音（a、i）が長母音（現在では二重母音）であることを示す記号として機能しており、発音上の規則を示す働きをしている（それぞれ [ei] [ai] の発音であることを示す）。

区切り目が一致していることがあげられる。一語一語が原則として一字一字で表されるのであるから、語の数に比例して漢字があるとも言え、その数は何万にものぼることになる。

ただ、膨大な異なり字数は、語を即座に識別できるという点では優れているが、さまざまな階層の人々が習得するとなると、大きな負担ともなる。

表音文字は単音（音素）という最小の言語単位に対応するもので、それぞれの言語において異なり字数は少なくて済む。たとえば音節文字である平仮名は「ん」を含めて48字（現代語では「ゐ・ゑ」を除く46字を用いる）であり、単音文字である英語のアルファベットは26字（大文字・小文字を区別しない場合）である。

しかし、その表音文字も語という単位と密接に関係している場合が少なくない。たとえば、英語を例にすると次のように語を分かち書きする。

I stayed up all night.（徹夜した）

他にも、ブラーフミー文字の系統であるデーバナーガリーなどのインドの文字や、アラビア文字・モンゴル文字などでは語における音の位置によってその用いる字体が異なる。このことは表音文字も表語性と無関係ではなく、文字の本質が、音と意味との結合体である語（単語）を書き表すものであることを如実に物語るものである。

■ **音環境と字形**

英語などのアルファベットには大文字と小文字があり、体系的に使い分けられる。たとえば、文頭や固有名詞の語頭を大文字にするというように、文の理解を高める働きをしているとも認められる。

一方、単音（音素）が語の中で現れる位置によって、字形を異にする場合がある。たとえば、ギリシャ語のシグマは語末ではςが、語末以外ではσが用いられている。

また、アラビア語では、右のように、他の文字とは連結しない独立形以外に、前後の文字と連結して用いる場合の接続形があり、語中で現れる位置によって次の３種がある。

①頭位形…語頭にその音が位置する場合にとる形
②中位形…語の中間にあって、前後に別の文字が位置する場合にとる形
③末位形…語の末尾に位置して連結を切る場合にとる形

また、音節を構成する場合、文字素がその位置によって異なる場合がある。インドなどで用いられるデーバナーガリー文字では、母音a以外が子音字と結びつく場合、母音字とは異なる母音符号（半体）が用いられる。

文字名	独立形	末位形	中位形	頭位形	音　価
'alif	ا	ـا			
bā'	ب	ـب	ـبـ	بـ	b
tā'	ت	ـت	ـتـ	تـ	t
thā'	ث	ـث	ـثـ	ثـ	th
jīm	ج	ـج	ـجـ	جـ	j

第3節 日本における文字

1 日本語の文字体系

日本語においては、漢字・平仮名・片仮名・ローマ字が用いられている。それらは、たとえば〈山《やま》〉を表記する場合、「やマ」「ヤma」などとは書かないように、語という単位では交え用いることはない。それは、それぞれが体系性をもっているからで、それぞれの文字の集合を文字体系と呼ぶ。漢字は「後ろ」「少し」などのように仮名と交えて書き記されるが、表語文字である、音と訓がある、などの特徴による体系性が認められる（図1-6）。

2 正書法と表記法

言語を文字で正しく書き記すための表記法を「正書法」(Orthography) と言う。欧米の言語においては綴り字（スペリング）が定められており、大文字・小文字の使い分けなども含め、一定の書き方が存在している。

日本語ではふつう漢字と仮名（平仮名・片仮名）を交えて書いているが、たとえば「猫《ねこ》」という語を漢字で「猫」と書くか、平仮名で「ねこ」、もしくは片仮名で「ネコ」と書くか、その書き方は恣意的で、一定していない。そ

図1-6 新聞における文字の使用率

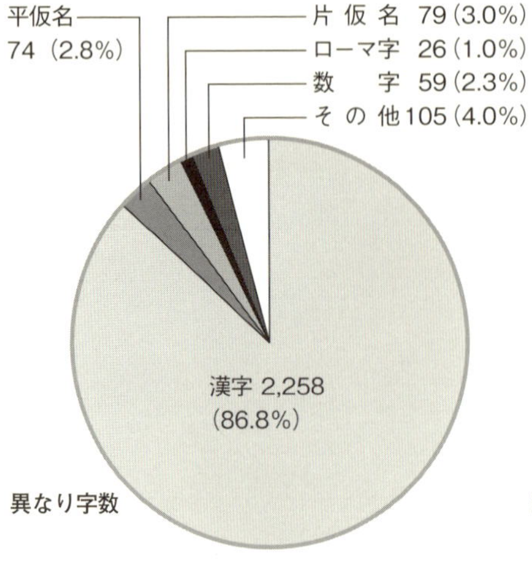

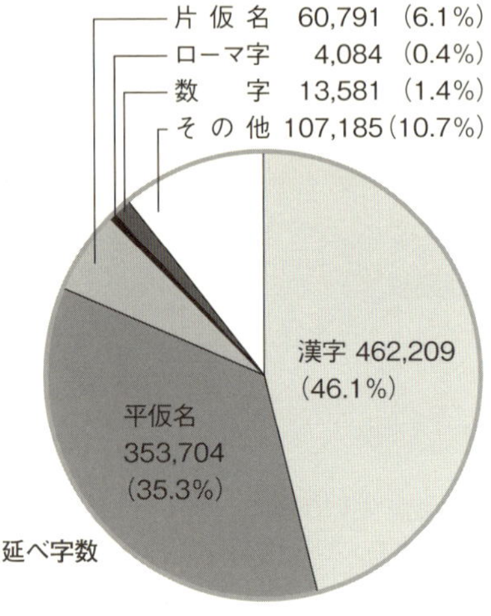

［出典］林大監修『図説日本語』（角川書店、1982）をもとに作成

のため、日本語には正書法はないということになる。厳密な意味での日本語における正書法は、現在のように複数の文字体系を用いる限り、一語一語の表記を取り決めると、かえって煩雑になるとも言える。

3 日本語の表記法

日本語にも次のような表記についての一定の決まりがある。

▶常用漢字表……語を漢字で書き表す場合の漢字使用の範囲を目安として示した漢字表

▶「同訓異字」の使い分け……その語をどの漢字で書き表すかという用法

▶送り仮名……その語のどの部分を漢字で書くか、あるいは、どの部分を仮名で書くかという規則

▶仮名遣い……仮名で書く場合、音韻もしくは語と、文字とをどのように対応させるかという規則

▶外来語の表記……外来語をどのように書き表すかという基準

このほか、どのような種類の語を漢字で書き、または平仮名もしくは片仮名で書くかという慣用も存在している。

表記は、文章の意味を伝達しやすく理解しやすくするために工夫されなければならない。そして、それは使い勝手のよい規則・基準である必要がある。そのためには、合理的で一貫した法則でありつつも、簡単でわかりやすく現実に即したものであるべきであろう。

■文字体系間の関係

音の単位と文字を対応させると、次のようになる。

音素　/rjokoR ni iQta/
モーラ　rjo・ko・R・ni・i・Q・ta
音節　rjo・koR・ni・iQ・ta

ローマ字　ryokō ni itta
（11字）
平仮名　りょこうにいった
片仮名　リョコーニイッタ
（各8字）
漢字仮名　旅行に行った
（6字）

語「旅行《りよこう》」「に」「行《い》く」「た」

■各文字体系の特徴

(1)同一の言語形式を表記するのに用いられる文字数(延べ字数)はローマ字が最も多く、漢字が最も少ない。

(2)各文字体系に所属する文字数（異なり字数）では、ローマ字はヘボン式では22字、仮名は48字に対して、漢字は常用漢字に限っても2136字に達する。

(3)漢字表記「私は～」の「私」をワタクシと読むか、ワタシと読むか曖昧である。これに対して、ローマ字・仮名は読みが限定的である。

(4)シリツと「私立」「市立」というように、仮名（およびローマ字）では意味を限定しにくいが、漢字は限定的である。

■音と訓

セム語系のアッカド語は楔形文字を借用したが、その文字の用法にはシュメール語に基づく表音的用法に加えて、アッカド語を訓として当てた表意的用法があった。それは、漢字を借用した日本語に音と訓があることと同趣である。

日本語では、音と訓にそれぞれ複数の読み方がある場合も少なくない。たとえば、「生」は音に「セイ・ショウ」があり、訓には「いきる・いかす・いける・うまれる・うむ・おう・はえる・はやす・き・なま」がある。ある漢字をどのように読むかは、熟語の意味、文脈や送り仮名などによって判断しなければならない。

第2章

漢字

第1節　漢字の起源と展開

1　漢字の起源

漢字は、中国大陸の地で生み出された文字である。オリエントの楔形《くさびがた》文字の存在が刺激となってつくられたとする推測もあるが、確かではない。現存する最古の確実な漢字は、殷王朝後期の殷墟《いんきょ》（河南省安陽市）から出土した甲骨文字や金文などであり（図2-1)、紀元前14世紀以降の文字である。ほかに伝来する璽印《じいん》などもあるが、後代のものとも言われる。すでに竹簡な

図2-1　甲骨文字
「ㅓ」は「卜」（ボク／占う）の古い形。占いの文言が日付とともに刻まれている。

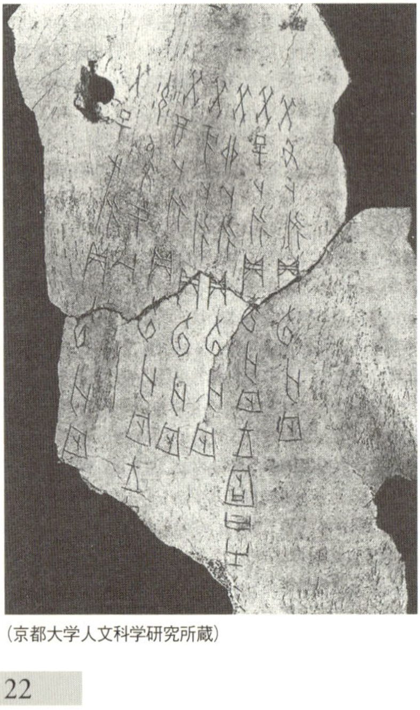

（京都大学人文科学研究所蔵）

図2-2　金文「令彝（れいい）」（西周前期）
187字からなる。周公の子の明保が祭祠を行ったことなどが鋳込まれている。

図2-1～2-4［出典］河野六郎・千野栄一・西田龍雄『言語学大辞典　別巻　世界文字辞典』（三省堂、2001）より

ども存在したと言われる（「冊」（册）はその象形と言われるが、柵《さく》の象形とも説かれる）。そこでは、象形文字のほかに、指事文字、会意文字、形声文字などの方法によってつくられた字が存在しており、すでに5000種以上の漢字が用いられていたことが知られている。中には、2つの字を組み合わせた合文（合字）、氏族の標識や図象のようなもの、正確に解読されてはいないものも含まれている。周代から資料が増える（図2-2〜2-4）。

考古学的には、より古い時代の仰《ぎょう》韶《しょう》文化の中で作られた陶器片に記された線画が陝西《せんせい》省西安市の半坡《はんぱ》遺跡などから発見されているが、それらが語を表す文字であったのか、語とは結びついていない単なる絵や記号であったのか、明らかにはなっていない。

なお、中国の伝承には、黄帝に仕える史官であった蒼頡《そうけつ》という4つ目の人

図2-3 秦石鼓文（春秋後期）
狩猟を描いた「吾車既工」で始まる詩が刻まれている。文字の大きさが均等になっている。

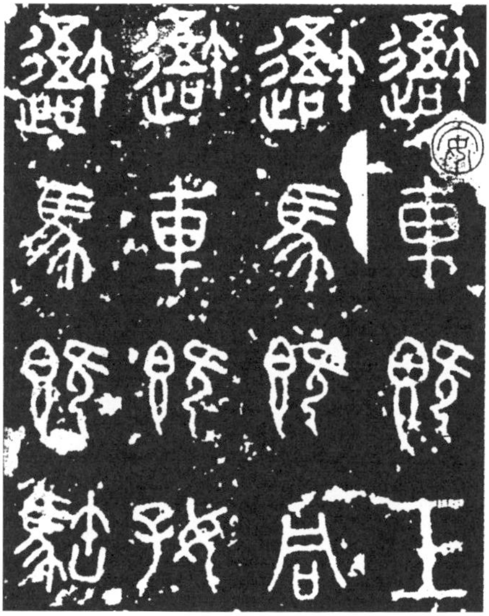

図2-4 長台関楚簡（戦国）
河南省の墓から出土した現存する最古級の竹簡。

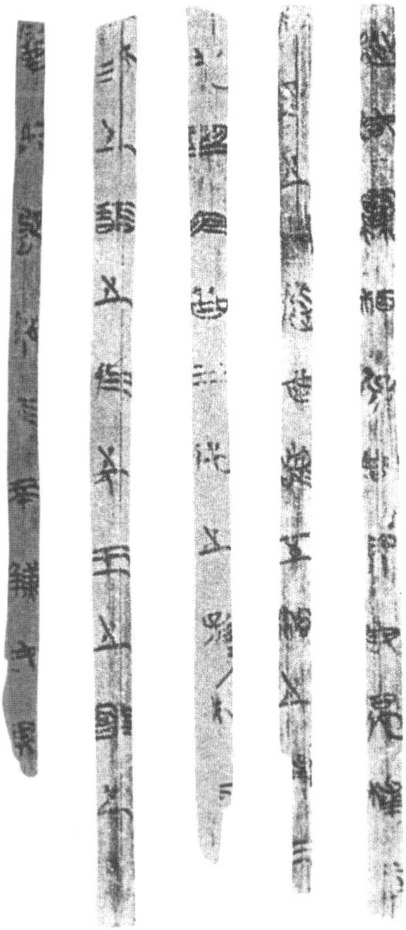

が鳥や獣の足跡を見て、漢字を発明し、従来の縄の結び目によって情報を記録する方法に代えた、というものがある。自ら営むものを「厶《シ》」（後に禾偏が付いて「私」となった）、それに背くものを「公」とつくったとする話もあるが、いずれも周の戦国時代頃からの話であり、蒼（倉）は創、頡は結から来た名称であろうとも言われている。

2 漢字文化圏の形成

中国大陸で生まれた漢字は、その地の人々が用いる漢語を表記するための文字であった。ここでいう漢語は、シナ・チベット語族に属する中国語の原型であり、古く殷代においては「帝辛」など修飾語が後ろに置かれる、タイ語のような特徴ももつ言語であった。

しかし、周代以降、皇帝の住む都を中心とする中原の地で使われる言語を漢字で表記するようになるとともに、各地の方言を表記する例や、楚など周辺地域の異民族の言語を音訳した例も現れてくる。

さらに、儒教の経典や仏教の経典、歴史書、文学書、医学書、種々の実用書などとともに漢字は、周辺諸国へと伝播する。それぞれの言語で漢文が読まれるようになる。さらに、それぞれの言語を表記するために、漢字が利用されるに至る。

朝鮮半島、インドシナ半島には、紀元前の頃から中国の政治的、文化的な影響が加わっており、漢字と漢語が陸伝いで移植されはじめた。海を隔てた日本列島にも、その影響は及んだ。中国からの渡来人と、中国文化を身に付けた朝鮮半島からの渡来人とが日本での漢字文化の定着に貢献した。

隋唐の時代には、各国とも中国の政治（律令）、種々の思想や文化などを通じて漢字・漢語の影響をいっそう色濃く受けるようになるとともに、それぞれの国で、独自の漢字使用が発展した。科挙の制度は、冊封体制下にありつづけた朝鮮とベトナムとで根を下ろし、中国と類似した漢字が公的に使われ、定着していった。漢字を使用する国々においては、漢文を習熟する者同士の間で、言語を異にしても通訳を介

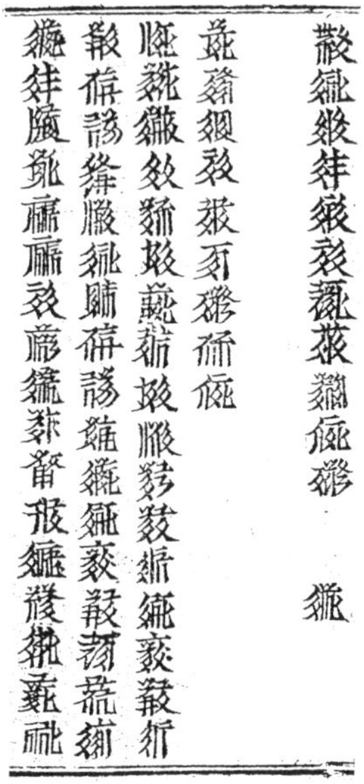

図2-5 西夏文に訳された華厳経

（京都大学文学研究科蔵）

［出典］『図説アジア文字入門』（河出書房新社、2005）より

さずに、紙の上での筆談によってさまざまな内容のコミュニケーションが可能となっていったのである。

3 漢字文化圏の多様化

漢字は、各地で用いられる中で、その地で独自の意味（国訓）や字体が生じ、さらに新たな文字（国字）が生じた。また、漢字音は、それぞれ中国の地域や時代の差を反映し、そこに自国語の影響が加わって、朝鮮漢字音、ベトナム漢字音、日本漢字音が形成されていく。中国においては、唐代頃から、南方の壮《チワン》族、白《パイ》族、瑶《ヤオ》族、苗《ミャオ》族などが漢字を受け入れ、独自に字体や用法を変えたり、新たにつくり出したりした文字も使われた。

一方、北方の契丹《きったん》（きたい）、女真、西方の西夏など、漢字に影響を受けつつも対抗して新たにつくり出した文字を用いる独立国家も現れた（図2-5）。やがてそれらは中国に敗北し、それらの文字も滅んでいった。国内では、清代には広東語などの方言を表記する漢字が発達するなど、漢字は地域による多様化を進展させる。広東語が優勢な香港は、清朝の時にイギリス領となり、大陸の簡体字政策を受け入れず、中国に返還された後も繁体字を公用し続けている。台湾は、日常では福建語が優勢であり、同様に繁体字を公式に採用している。

日本では、9世紀に平仮名、片仮名が生まれ、漢字と併用されるようにな

図2-6「山」（san）の図

〈中国〉 山 〔sǎn〕 ➡ 〔ṣʌn〕（平声） ➡ 〈日本〉
〔san〕〔sen〕 ―字音語（漢語）：音
〔yama〕 ―固有語（和語）：訓

漢字圏の現在の状況

	字音語（漢語）	固有語
中国	山（shān）	
韓国	산（san）	（메）（me）
日本	山（san・sen）	山（yama）
ベトナム	sơn	núi

図2-7『字典釈要』
注記では漢字とハングルが併用されている。

［出典］河野六郎・千野栄一・西田龍雄『言語学大辞典　別巻　世界文字辞典』（三省堂、2001）より

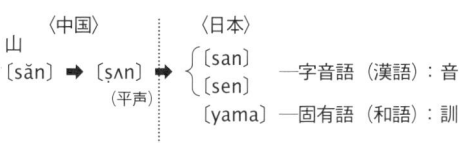

っていく（図2-6）。琉球王国にも、それらの文字は強い影響を与えた。北方のアイヌ語も日本語に入った名詞や固有名詞を漢字で書くことが起こった。朝鮮半島では、15世紀に世宗がハングルを開発、公布したものの、漢字が知識層の文字として位置付けられていった（図2-7）。戦後、北朝鮮では漢字が廃止され、近年では韓国でも漢字離れと呼ばれる現象が急速に進み、ハングル専用が現実化している。

ベトナムでは、13世紀頃に字喃《チュノム》と呼ばれる漢字を利用して民族のことばを表記する方法（仮借《かしゃ》や訓読み、造字など）が出現し、公用する時代もあった。チャンパ王国などの地に版図を広げる中で字喃によって方言を表記し、さらに国内のタイ族など少数民族の文字にも影響を及ぼす一方、17世紀に西洋人によってローマ字表記が行われるようになり、フランスの植民地統治下で公式な文字（国語：クオックグー）とされ、共産化の中で漢字とともに字喃も排除された。中国の少数民族も、漢字系の文字は減少し、20世紀にはそれぞれのローマ字などの文字による表記が普及した。漢字が廃止された国でも、漢字や漢文が公的あるいは私的に教育されることはある。

その他、世界では漢字をファッションとして受容する姿が欧米などで見受けられるが、華僑、日系人などの社会では、漢字を生活の中で使い続けることがある。

■漢字文化圏の漢字音

「山」

中国語	漢語
中国 san（平声） shan^1（現代北京） saan^1（香港）	朝鮮 san 釜山（プサン） 日本 san　sen 富士山（フジサン） 大山（ダイセン） ベトナム sơn 新山一 （タンソンニャット）

	「注意」	「大学」
中国	zhu^{4}yi^4 チューイー	da^{4}xue^2 ターシュエ
香港	dzy^3 ji^3 チューイー	daai^6 hok^9 ターイホク
韓国	ju:i チューイ	dae:hag テーハク
日本	tyûi チュウイ	daigaku ダイガク
ベトナム	chú ý チューイ	đại học ダイホク

＊香港では中国語の方言である広東語が日常的に使用されている。
＊韓国では通常、「大学」は「大学校」（テーハッキョ）と「校」をつける。

第2節 書体

1 書体の変遷

文字の形態は、個々の点画に基づき、1字としてまとまりをもつ。個々の形態には抽象的な字体と、具体化した視覚的に認識できる字形とがある。文字体系に特有の点画の性質の特徴やデザインの様式を「書体」と呼ぶ。漢字は、世界の文字の中で、その形態が複雑なものと言えるが、漢字の体系全体に共通するデザインも書体としてとらえることができる。なお、一般にはこの書体のことを字体と呼ぶこともあるが、日本語学では字体は文字の骨組みに関する抽象的な観念をさすことが多い。

文字は、まだ絵画のような形で書かれた古代から、次第に書きやすく、読みやすい形へと変化してきた（図2-8）。それは、筆記素材の変遷、文書行政の発展と実用性の追求、さらに美的な要求などを原因とし、下段の図のような段階を経ている。篆書《てんしょ》以後の5つの書体をとくに五体と呼ぶことがある。篆書は、周代の大篆（籀文《ちゅうぶん》）と秦代の小篆の2つに分けることがあるが、一般には小篆をさす。

現在、日本で文字が書かれる際には、手書きでは楷書体が多いが、その中で

図2-8「魚」の各書体

［出典］高田竹山監修『五体字類』（西東書房、2004）より

■書体が使用され始めた年代

書体名	王朝	
甲骨文字	殷	前14世紀
金　文	殷	前14世紀
篆　書	秦	前3世紀
隷　書	漢	前3世紀
草　書	漢	前3世紀
行　書	漢	前3世紀
楷　書	六朝	3世紀

も使用頻度が高く、わりと複雑な字形をもつ「前」「事」「御」のような字が崩し字となって混用される習慣が一部にある。行書などは書きやすいが、可読性に問題が生じることがあるため、正式な書類などでは楷書で書くことが求められることが多い。

2 印刷の書体

中国では、唐代以降、版本による印刷が行われるようになる。古くからの印章（印鑑）や拓本と異なり、複製が大量に行われるこの方法によって、宋代には壮麗な版本が生み出される一方で、世界に先駆けて、活字印刷も試みられるようになる。

そうした印刷物での書体は、上記の楷書が主に用いられた。印刷文字は、さらに様式化が進められ、可読性の高い明朝体やゴシック体（ゴチック体）などを生み出す。印刷文字には以下のようなものがある。

▶手書き文字に由来するもの…篆書体、隷書体、楷書体、行書体、草書体など

▶印刷文字に由来するもの…明朝体、ゴシック体など

明朝体は、明代に、版本が大量生産されるようになり、文字の彫り師の間で熟練度に合わせて横線、縦線、斜め線など担当に分業が起こり、流れ作業が進められた結果として、様式化がなされた書体であり、日本にも伝来した。宋朝体、清朝《せいちょう》体も、元は手書き文字に起

図2-9 印刷用フォント

明朝体
印刷用フォントのいろいろ
ゴシック体
印刷用フォントのいろいろ
ナール体
印刷用フォントのいろいろ
教科書体
印刷用フォントのいろいろ
楷書体
印刷用フォントのいろいろ
隷書体
印刷用フォントのいろいろ
勘亭流
印刷用フォントのいろいろ

図2-10 中国の印刷用フォント

黑 体
头号 学　二号 学　三号 学
老 宋
头号 学　二号 学　三号 学
正 楷
头号 学　二号 学　三号 学
仿 宋
头号 学　二号 学　三号 学
长 宋
头号 学　二号 学　三号 学

＊活字のサイズを50%に縮小

因した印刷書体である。日本の教科書体は、初等教育での漢字習得に役立つように設計されたものであり、小学校の国語教科書などで用いられている。

印刷活字（活版印刷のほか、写真植字、DTPなどを含む）では明朝体が主流である。明朝体も、細かく見れば種々のデザインがなされており、今なお新たなものが開発されている。

明朝体のほかにも、印刷用フォントは各種創り出されており、日本人の発明とされるゴシック体、丸ゴシック体、ナール体、教科書体や筆字体（正楷書体）なども教科書や雑誌、テレビの字幕などに活用されている（図2-9, 2-10）。書体は、ワープロやパソコンが普及したことによって、一般にフォントと呼ばれるようになってきた。

3 書体の表現効果

書きやすさや読みやすさとは別の表現効果が書体に託されることがある。たとえば、装飾性を高めることで威厳を表すために線が複雑に折れる印鑑の九畳篆《きゅうじょうてん》のようなものも現れたが、偽造を防ぐ目的があったとしても、かえって審美性が失われたとも評される。

縁起を担いで線を太くし、字面を黒々と仕上げる相撲文字や歌舞伎の勘亭流書体など江戸文字のように極端にデザイン化された書体もあり、雰囲気を利用したレタリングやタイポグラフィーに利用されるようなこともある。

書体が書道などで芸術性を帯びたも

■漢字の書記方法

殷代に毛筆・鋳造も見られる。

刻み込み
（甲骨・石碑・印鑑）

▼

鋳　造
（金　文）

▼

手書き
（毛　筆）

▼

手書き
（硬　筆）

▼

印　刷
（木版・鉛活字・ワープロ・DTP）

■書体と印象

いちご	明朝体
いちご	ゴシック体
いちご	丸ゴシック体
いちご	丸文字フォント
苺	明朝体
苺	ゴシック体
苺	丸ゴシック体
苺	丸文字フォント
猫	明朝体
猫	ゴシック体
猫	丸ゴシック体
猫	丸文字フォント

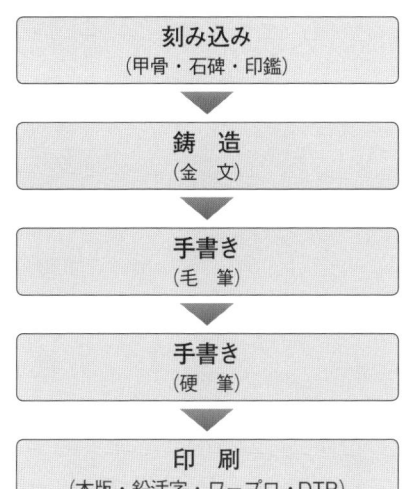

のとしてとらえられる場合などで、特定の個人や流派（書流）において細かな特性を共有すると意識された場合には、それを特に「書風」と呼ぶことがある。「和様」「唐様」「定家様」「御家《おいえ》流《りゅう》」などはその例である。

手書きの書風には、時代ごとに流行とも言える趨勢が見られる。江戸時代には幕府によって御家流が強制され、公文書などで広く行われた。近代の映画の字幕やガリ版刷りにも、特有と感じられる書風と字形が見られた。本来は材質から生じる制約によるところが大きかった。これらは位相的な書風（書体）と言える。

近年、若い女性の間では、かわいさや連帯感を求めて自然発生的に「丸文字」（漫画字）がはやり、最近では「長体文字」、さらに「ギャル文字」が流行した（図2-11）。これには、特定の個人の書風や字形の影響のほか、シャープペンシルなどの筆記素材や、書字方向（左横書き：左から右方向への横書き）、印刷書体、ケータイ電話やパソコンなどの影響も指摘される（図2-12）。

長体文字には、「ん」をローマ字の「n」のように書く例があり、文字体系の枠を超えたものとも解釈される。これらもフォントとしてデザインされており、コンピュータの時代を迎え、手書き文字と印刷文字との垣根が低くなってきていることが指摘できる。

図2-11 丸文字・長体文字など

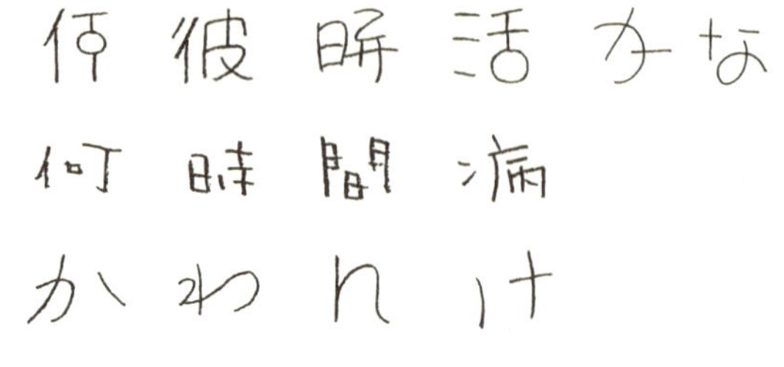

ﾅﾆ （半角のナニ）	回	朮	йё	§	Ω
た	ロ	ポ	ね	す	ひ

走召	○十	〒皮	∴	无
超	叶	彼	品	天

（作成、笹原）

図2-12 携帯電話のドット文字書体

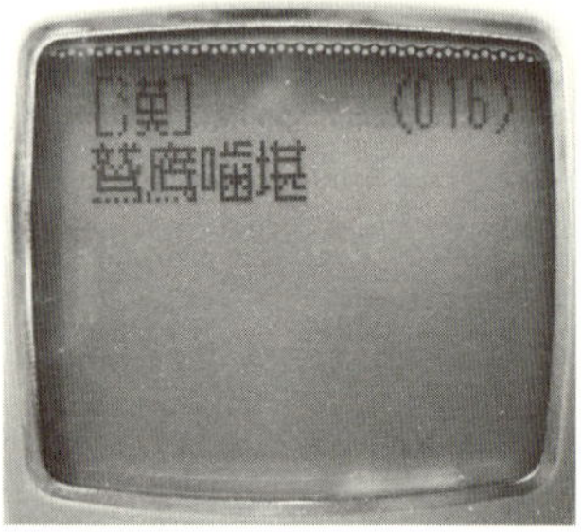

ドット文字の例
（漢・鷲・鷹・噛・堪）

［出典］笹原宏之ほか『現代日本の異体字』（三省堂、2003）より

第3節　字体

1　字体とは

文字は必ず一定の形をもっている。その形は大きく3つに区別される。まず、字体というものがあり、それはその文字の形を抽象化した概念であり、文字の骨組みを指す。そこには時代ごとに一定の社会的な共通認識がある。

それに対して字形とは、文字を活字印刷や手書きなどにより、視覚的に表現したときの具体的な形をさす。また、「書体」という用語は、文字に与えられた統一的なデザイン様式をさす（図2-13）。

漢字は、数十種に及ぶ点画が組み合わされて字体を形成している。図形的な複雑度を表す一つの尺度である画数は、平均すると10画台となるが、1画の漢字（「一」「乙《オツ》」「丶《チュ》」「丿《フツ》」など）から60画を超える漢字まで存在する。字形を手書きで実現する際には、点画が筆順に沿って書かれていく。

筆順は時代とともに上から下へ、左から右へといった大原則のほか、個々に一定の傾向が生じたが、今日に至るまで国・地域や個々人において必ずしも固定しているわけではない（図2-14）。

図2-13「糸」字体と字形

図2-14 かつて用いられた「筆順指導の手びき」（文部省　昭和33年3月）より

筆順は、書き順とも呼ばれる。

原則8

• 横画と左払い

横画が長く、左払いが短い字では、左払いをさきに書く。

右（ノ ナ 𠂇 右 右）

有 布 希

横画が短く、左払いが長い字では、横画をさきに書く。

左（一 ナ 𠂇 左 左）

友 在 存 抜

日本では、公的な資料としては「筆順指導の手びき」が1958（昭33）年に文部省から示されただけであり、それも例外を容認するものである上に、教育される漢字の範囲も変わっており、今日では効力をもたない。

2 字体のゆれ

1つの漢字に対して複数の字体が併存することがある。

中国の六朝時代に楷書が成立して以来、「龜（亀）」「邊（辺）」など字体が100種に達するようなものもある（図2-15）。

それらの字体を互いに「異体字」（異字体）と称する。そのうち字源説に即した字体や、字書や政策で認められたなど規範性がある字体を「本字」や「正字」（正字体）、あるいは清朝の字書の名を冠して「康熙字典体《こうきじてんたい》」と呼ぶことがある（例:「國」）。それに対して、人々の間で使用されてきた字体を「俗字（体）」（「国」）、あるいは「筆写字体」（國）と言う。狭義には、正字を異体字と対立する概念とする場合がある。

字画が繁雑であり、かつ使用する頻度が高い場合などには、筆写労力の節減から点画が省かれることがあり、それを「略字（体）」「省文《せいぶん》」と呼ぶ。通俗的な使用場面や使用者層をもつため、俗字と重なるケースもある（「囗」）。よく使われる誤字という用語は、正字等を意図しながら字体が間違った「誤字体」（譌字《かじ》　「宜」→「宣」）や、別

■異体字の主なカテゴリー・定義・例

- 「本字」字の成り立ちから考えて本来的だと考えられる字体─灋（法）
- 「正字」字の成り立ちや政策などを基準として正しいと考えられる字体─國（国）
- 「古字」ある時点から見て古い時代に用いられたと考えられる字体、特に戦国時代に六国で行われたとされる字体─口（国）
- 「俗字」字の点画が正字とは異なるが、一般に行われる字体─國（国）　国（国）　旺（曜）
- 「略字」字の点画を省略した字体─才（第）

＊「国」もかつては俗字とされた。「圀」は唐の則天武后がつくり直させた則天文字。

図2-15 石碑に現れた「亀」の異体字の例

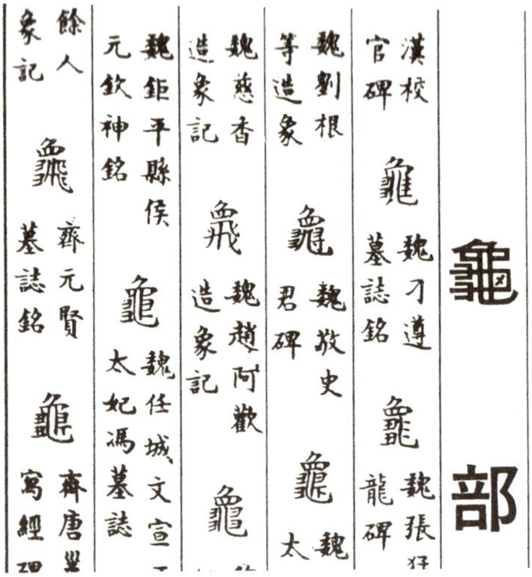

［出典］北川博邦編『偏類碑別字』（雄山閣、1975）より

の字を書いてしまった誤用（「宣」→「宣」）をさすものである。

このように字体には、経済化や類形化によって変化した例が多い。ほかに、皇帝や天皇などの実名に使われた漢字は、高貴な人の名を避けること（避《ひ》諱《き》）を行うために「玄」→「玄」など漢字の画を省く欠画《けっかく》も見られた。日本では、宛名の「様」を「様」（永さま）「様」（水さま）などと字体を変えることで待遇表現として使い分ける行為も中世以降起こった。今日でも、「龍」「竜」などは表現意図や好み、用法に応じて字体の使い分けがなされ、別字意識を醸成しつつある。

3 字体についての政策

日本では「当用漢字表」（1946年）とそれに代わる「常用漢字表」（1981年のものまで）により、手書きに見られた略字、俗字（日本独自のものを含む）が活字体としても公的に追認された（図2-16）。それを「新字」（新字体）と呼び、以前の字体を「旧字」（旧字体）と称する（「國：国」）。つまり、現在、正字とされているものでも字源から見ると構造や構成要素などが変形していることがある。

なお、「常用漢字表」以外の漢字には、常用漢字の新字を適用させた「拡張新字体」が見られる（「掴」（摑）「鴎」（鷗））。それに対して国語審議会答申「表外漢字字体表」（2000年）は書籍、教科書や辞書に多く載っている字体を原則として「印刷標準字体」とした。

一方、書籍印刷の状況に応じて、「簡易慣用字体」も一部認めた（「鴎」など）。また、活字体についての規定で、手書

■字源と異なる形となった「正字」

例「鹽」（監と鹵だが「一」が省かれた形となった）
「齋」（齊と示で「二」が兼ねられた形となった）
「釜」（釡。父と金で「人」が兼ねられた形となった）
「添」（旁が「天」と心からなるものだった）
「志」（之と心からなるものだった）
「般」（偏はもとは舟でなかった）
「設」（偏はもとは言でなかった）
「屑」（小はもとはハの形だった）

図2-16 明朝体活字での「円」の変化

［出典］文化庁国語課『明朝体活字字形一覧』（1999）より

き文字に活字と異なる伝統的な字体が容認された（「噌」（噌））。

「常用漢字表」の前書きは、「木」ははねても字体は同じで、「八」の右はらいを「一」から書く筆押さえは明朝体活字のデザインであるとする。

常用漢字表の改定においては、印刷と電子情報交換用の文字コードで使用されている実情をかんがみ、追加される漢字の多くは印刷標準字体（いわゆる康熙字典体）を採用し、人名用漢字、簡易慣用字体とされていた字についてはその簡易な字体を採用することとなった。部首の場合の許容やデザイン差の特例、手書きでの扱いなども示された。

中華人民共和国では、1950年代に「簡体字」（簡化字）（図2-17）が公式に採用され、「國」など日本の旧字にあたるものを「繁体字」と呼ぶ。「國」→「国」のように日本と同じもののほか、「專」→「专」と簡易化したもの、「機」→「机」のように同音字で代用したものがその例である（図2-18, 2-19）。

4 地域などによる字体の差

香港や台湾、韓国でも手書き文字を中心に略字も行われ、独自の字体も見られるが、公認されているのは日本の旧字に相当するものである（互いに細部に差も生じている）。漢字（文化）圏といっても、「竹」を中国などでは「竹」（竹）と手書きする傾向があるなど、

図2-17「簡化字総表」〈抜粋〉

F	K
矾[礬]	开[開]
范[範]	克[剋]
飞[飛]	垦[墾]
坟[墳]	恳[懇]
奋[奮]	夸[誇]
粪[糞]	块[塊]
凤[鳳]	亏[虧]
肤[膚]	困[睏]
妇[婦]	
复[復]	
[複]	

図2-18「曜」の略字の看板

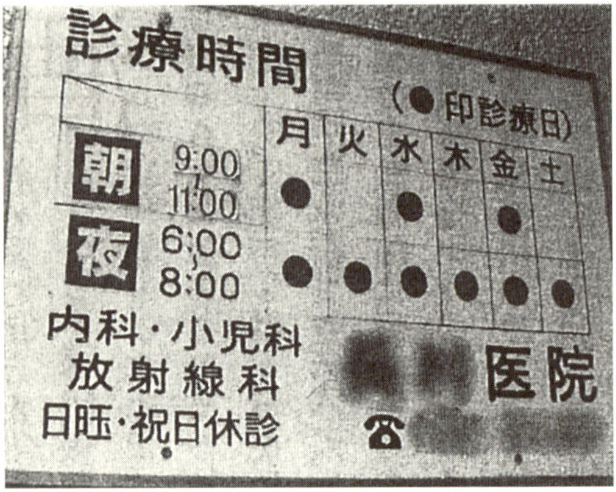

（都内で　撮影、笹原）

字体や字形に差異も見られ、母語干渉の一種とも言える現象を呈する。「必」なども字形に差異が現れるが、学習する筆順の違いによるところが大きい。

日本国内では、新潟などで「潟」が「泻」と略されるように字体には地域差が見られる。

また、医学界では「頸」を「頚」、姓などの固有名詞では「高」を「髙」と書くなど字体には位相差もある。

個人や場面により略字の使用が控えられることもあり、個々人の意識にのぼらないケースもある。コンピュータや電光掲示板などに示される文字には、点（ドット）の数が少ないため線を間引きした字形も現れる。

第4節 漢字の構成

1 漢字の構成方法

3000年以上の歴史の中でつくられてきた漢字は5万種をはるかに超えている。それらの漢字は、基本的に4つの方法によってつくられている。

象形文字と指事文字は、単体の文字であり、まとめて「文」と呼ばれた。

このほかに、それらを組み合わせた類型として、会意《かいい》文字と形声文字という2つがある。これらはまとめて「字」と呼ばれた。

図2-19「酒」の異体字の看板写真

（都内で　撮影、笹原）

■現行の漢字字体の例

日本	中国	香港 台湾 韓国
国	国	國
機	机	機
器	器	器
専	专	專
円	圆	圓
麺	面	麵

＊香港・台湾・韓国で字体にわずかな差をもつ漢字もある。

「文」と「字」とを合わせて「文字《もんじ》」（もじ）と称したのである。

漢字は、古くは物の形をかたどってできた象形文字に端を発するものと考えられるが、これらの方法により、数多くの文字（字）が生み出されてきた。

ほかには「図書館」＞「圕」といった合字などもあるが、漢字は伝統的に以上の4つの方法で生み出されてきた。特に中国では、漢語の発音を旁《つくり》の部分で表す形声文字が漢字全体の90％近くを占めているとされる。

ただし、その場合でも実際には旁の部分で、語の意味や中核にあるイメージを表していると考える説もある。これらの造字法は、エジプトのヒエログリフなどの古代文字の字源にも、共通するところがある。

文字の使用法には、意味の転化による転注、発音の利用による仮借《かしゃ》もあると古くから認識されてきた。

先の象形から形声までと合わせて、「六書《りくしょ》」と呼ばれる。

漢字は、発音のほかに他の古代文字と異なり意味も維持し続けた。そのため、字の意味（定義）は形態とともに歴史的な変転をとげたものが多い。

漢字は表語文字としての性質が強いが、万葉仮名として使われた場合には、表意性は原則として排除されている。ただ、「川」を「河波」、「恋」を「孤悲」と記すように、表意性を意識したケースも見受けられる。

日本でつくられた国字は、やまとことばを訓読みとして表すものが多く、会意文字が大半を占めている。

■六書

単体

- 象形文字…物の形をかたどり、それを指す。
  「山」「木」「馬」「魚」
- 指事文字…図や記号によって抽象的な概念を表現する。
  「上」「下」「本」「末」

複合

- 会意文字…象形や指事などを意味に着目し組み合わせ、別の意味を表す。
  「林」「森」「信」「好」
- 形声文字…象形や指事などを意味と発音に着目し組み合わせ、別の意味を表す。
  「清」「校」「草」「轢（レキ）」

漢字は、古くは物の形をかたどってつくられたものだが、個々の字の太古の時代における字源については、後人の推測した解釈による説にとどまるものが多い。

用法

- 転注…別々の字が字義の転化を経て互いに同じ意味としても用いられる現象（この解釈には異説がある）
  「考」と「老」
  「令」と「長」
- 仮借《かしゃ》…別の字が音だけを借りて用いられる現象
  「我」　戈を表す字だが、同音の一人称のガとして用いる。
  「谷」　タニを表す字だが、同音の「穀」としても用いる。

2 漢字の構成要素

漢字を構成する要素には、点画やその組み合わさった偏《ヘン》、旁《ボウ》（つくり）、冠《カン》（かんむり）、脚《キャク》（あし）のほか、構え、垂れ、繞《ニョウ》（ニュウ）などがある。それらには、何らかの音義が含まれることが多い（図2-20）。

字単位でも、「鵝」「鵞」「䳘」「䳗」のように位置関係が変わっても意味は変わらないで単に異体字となるケースがある。「島」（鳥と山から成る）にも、「嶌」「嶋」などがあり、同様である。一方で、「忘」と「忙」、「怠」と「怡」（音はイ、よろこぶ）のように全くの別字となるケースも存する。

中には「呑」の「口」が偏ではなく下にあること、「焚」の「火」も偏とならない（列火にもならない）ことなど、構成要素の並べ方にも、バランスだけではなく造字の際の意図が読み取れることがある。

組み合わされる要素の数は、2つないし3つが多いが、「鬱」のようにそれ以上からなるものも存在し、字書には8つにのぼるような例「𪚥」も見受けられる。このうち、「旁」は部首以外の部分となることが多い。

画数は、楷書体における漢字を構成する点画の数であり、これも「臣」「廴」「瓜」「龜」などに見られるように、細部では古来統一がとれていない。たとえば、「淵」は『康熙《こうき》字典』の示す「水」部八画という画数によると、どうして

■ 構成要素の変形

「水」は、偏にくると「氵（さんずい）」となり、下部にくると「水」や「氺」となる。

江　清

泰　漿

これは、字全体の筆記上の簡易性や形態上の安定性に基づく変形と言える。

「心」も、次のように形を変える。

「⺗」（下心）　恭

「心」　思

「忄」（立心偏）　忙

中にはそれらの位置や形は、恣意的に選択されたかと思われるようなものもある。

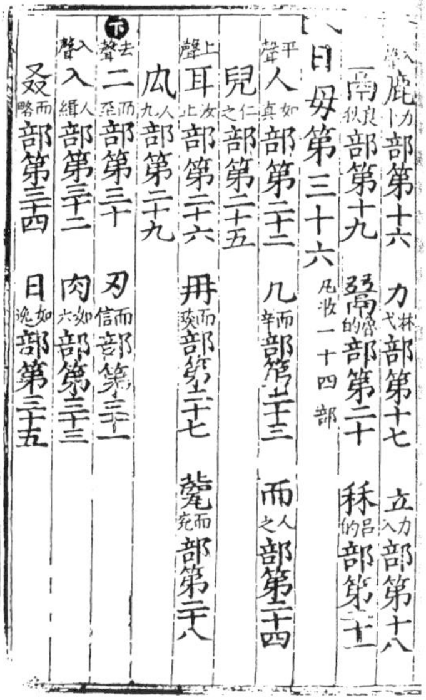

図2-20『五音類聚四声篇海』の部首字

（内閣文庫蔵）

[出典] 河野六郎・千野栄一・西田龍雄『言語学大辞典 別巻 世界文字辞典』（三省堂、2001）より

も「厂」を1画で書くと解釈せざるをえないことになる（図2-21）。

3 部首

漢字の構成要素のうちで、部首は、原則として義符を兼ね、多くの場合、漢字のもつ意味（字義）の範疇を限定したり、また明示したりする役割を果たすものである。

漢代の漢字辞書である許慎『説文解字』（西暦100年）に540部首が設けられた。そこには「幵」のように所属する漢字がそれ1字しかないものも複数含まれる。

その後、字書によって立てられた部首の数に増補と削減が行われて変遷を経る。『龍龕手鏡《りょうがんしゅきょう》』などは、どこにも分類しがたい形の字を収めた「雑部」を含む。

明代の『字彙』に至って、部首の数は214に整理された。明末から清初の『正字通』や清代の勅撰字書『康熙字典』（1716年）などもそれを踏襲した。

日本では、平安時代の『新撰字鏡』の160部以後、『類聚名義抄《るいじゅみょうぎしょう》』の120部、『倭玉篇《わごくへん》』に200部以下にまとめるものがあるなど、早くからさまざまな改良が試みられた。『康熙字典』の流入にもより、後の一般の漢字辞典や日本の漢和辞典では214の部首を立てたものが多くなっている。

ほとんどの部首には、一部の構成要

図2-21　64画の字

𪚥　音はテツ。多言（おしゃべり）という意味。「龍龍」の下に「言」を書く字から派生した字体である。『五音類聚四声篇海』（右写真）に見られる。

𰻝　音はイチなど。西安では、字体を少し変えて、ビアンビアン麺のビアンに当てる。

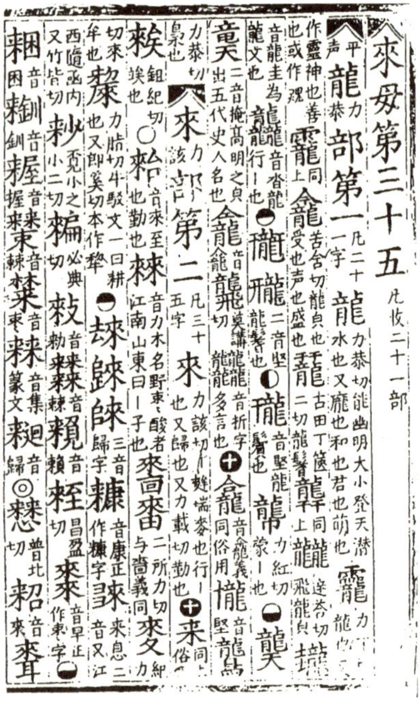

来母第三十五　凡收二十一部

〈平声〉龍部第一

［出典］河野六郎・千野栄一・西田龍雄『言語学大辞典　別巻　世界文字辞典』（三省堂、2001）より

（内閣文庫蔵）

素と同様に古くより名称や呼称が与えられているが、中国、日本ともに完全に統一されたものではなかった。日本では、古くは「三水点」(さんずい)「立心」(立心偏)「こざる偏」(こざと偏)などの呼称も見られた。

また、「截」「相」「之」など所属する部首に統一感が欠けるものや、「才」「褒」「承」「当」など部首が判明しにくいものもあるため、字書などでは、参照見出し(空見出し)を立てたり、ある部首に所属していた漢字を別の部首に移動させたり、「⺍」など新たな部首を設ける(とくに新字体に対応させるため)など、検索上のさまざまな工夫がなされている。

第5節 漢字音

漢字の読み方には、音訓、つまり、音読みと訓読みがある。音読みとは、漢字が中国から、時に朝鮮半島を経由して日本に輸入された際に、その発音も伝わり、日本語の音韻体系に合うように変化しつつ定着したものである。

1 中国語の音節構造

漢字は、いわゆる表語文字であり、漢字一字で一語を表し、単音節(一音節)を原則とする。

その構造は、頭子音、介母、核母音、韻尾、声調で示される。伝統的に、頭子音を声母、介母・核母音・韻尾を韻母とも呼ぶ。

2 中国漢字音の変遷

中国語における音韻の変遷は、おおよそ4段階に分けて説かれる。中国語の音韻体系は、時代が下るに従って簡素化されてきた(表2-1, 2-2)。

▶上古音…周・秦・漢代(紀元前7～

■歴代の主要な辞書の部首の数
『五経文字』は、収録文字数も少ない。

漢代の『説文解字』	540
梁代の『玉篇』	542
唐代の『五経文字』	160
遼代の『龍龕手鏡』	242
宋代の『類篇』	534
金代の『五音類聚四声篇海』	445
明代の『字彙』	214
明代の『正字通』	214
清代の『康熙字典』	214

■『大漢和辞典』所属字数
( )内は日本での主な名称

1位 艸(くさかんむり)2173字
2位 水(みず・さんずい)1816字
3位 木(き・きへん)1617字
4位 口(くち・くちへん)1475字
5位 手(て・てへん)1322字
6位 心(こころ・したごころ・りっしんべん)1274字
7位 虫(むし・むしへん)1181字
8位 竹(たけ・たけかんむり)1025字
9位 人(ひと・にんべん・ひとやね)1008字
9位 言(いう・ごんべん)1008字

後3世紀）の音。諸子百家や『楚辞』などに現れる音韻体系。

▶中古音…隋・唐（6～10世紀）の音。『切韻』及び『広韻』に反映されている音韻体系（両書とも反切法によって抽出した韻によって分類した辞書）。

▶近古音…宋・元・明（13～14世紀）の音。中古音の入声韻尾が消滅するなどの特徴がある。中世音とも。

▶近代音…清の音（17～18世紀）の音。現代北京音の体系に近い。近世音とも。

3 日本漢字音

英語ではrightとlightとを言い分け、聞き分けている。ところが外来語として日本語の中に定着する際には、どちらもライトであって、〈右〉〈光〉の意味は文脈によって定まる。このように、異なった言語の音を輸入する際に、日本語の音と一致するとはかぎらないので、そのすり合わせが必要である。漢字音も伝来した音を、日本語の中に取り込む際に、このような操作が行われる。日本語の音韻体系に合うように取り込んだ漢字音を、特に「日本漢字音」と言うことがある。

その主な点は、以下の(1)～(3)である。

(1)原音の単音節が、日本語のＣＶ（Ｃ＝子音、Ｖ＝母音）に組みかえられて、二音節か一音節になった。

(例)単（tan）→タン

博（pak）→ハク

(2)原音の音韻論的対立のあるものが、

■ 中国語の音節構造

官《クヮン》	k	w	a	n	[平声]
	I（頭子音）	M（介音）	V（核母音）	F（韻尾）	／T（声調）
	‖ 声母		‖ 韻母（M・V・F）		

表2-1 声調体系の変遷

『切韻』（601）と『広韻』（1008）の四声

<table>
<tr><td>全清</td><td rowspan="4">平</td><td rowspan="4">上</td><td rowspan="4">去</td><td rowspan="4">入</td></tr>
<tr><td>次清</td></tr>
<tr><td>次濁</td></tr>
<tr><td>全濁</td></tr>
</table>

『皇極経世声音図』（北宋・邵雍）の八声

<table>
<tr><td>全清</td><td rowspan="2">陰平</td><td rowspan="3">陰上</td><td rowspan="2">陰去</td><td rowspan="2">陰入</td></tr>
<tr><td>次清</td></tr>
<tr><td>次濁</td><td rowspan="2">陽平</td><td rowspan="2">陽去</td><td rowspan="2">陽入</td></tr>
<tr><td>全濁</td><td>陽上</td></tr>
</table>

『中原音韻』（元・周徳清）の四声

<table>
<tr><td>全清</td><td rowspan="2">陰平</td><td rowspan="3">上</td><td rowspan="4">去</td><td rowspan="2">上声に入る</td></tr>
<tr><td>次清</td></tr>
<tr><td>次濁</td><td rowspan="2">陽平</td><td>去声に入る</td></tr>
<tr><td>全濁</td><td></td><td>陽平に入る</td></tr>
</table>

［出典］藤堂明保編『学研漢和大字典』（1977）をもとに作成

識別を失って統合された。

(例)山（san）→ サン
三（sam）↗

(3)漢字音の影響によって逆に日本語の音韻体系に変化が生じた。

(例)京（kiau）→キョウ

▶拗音…拗音および合拗音は漢字音の伝来によって日本語の中に成立した音韻とされる。古文で「舎利」を「さり」、「修理」を「すり」、「初夜」を「そや」などと書くことがあるが、これは平安時代にシャ、シュ、ショに対応する仮名が無かったために、これに近い音でそれぞれ「さ」「す」「そ」と書き表したことによる。また、キャ・キュ・キョのような拗音に加えて、古くはクヮ・クヰ・クヱの発音があり、これを合拗音と言う。古文で「関白」に「くわんぱく」、「観音」に「くわんのん」とルビを振ってあることがあるが、これらは合拗音を表記したものである。

▶鼻音…韻尾の -n（＝舌内鼻音）・-m（＝唇内鼻音）・-ŋ（＝喉内鼻音）を「三内鼻音」と言う。中国原音が伝来した当初の日本漢字音はこの三音を区別していた。やがて、13世紀頃（鎌倉時代）

表2-2 中国漢字音表〈抜粋〉

漢音	呉音	現代音	近古音	中古音	上古音	字
カ	ケ	tši̯a (jiā)	kia	kă	kăg	家
クワ	クヱ	hua (huā)	hua	huă	huăr	花
サン	セン	ṣan (shān)	ṣan	ṣʌn	săn	山
ヱツ	ヲチ	üe (yuè)	iue	ɦɪuʌt	ɦɪuăt	越
セイ	サイ	ši (xī)	siəi	sei	ser	西
セイ	セ	ṣï (shì)	ʃɪəi	ʃɪɛi	thiad	世
ハフ	ホフ	fa (fă)	fa	pɪuʌp	pɪuăp	法
ゲム	ゴム	ian (yán)	iem	ŋɪʌm	ŋiăm	厳
メイ	ミヤウ	miəŋ (míng)	miəŋ	mɪʌŋ	mɪăŋ	明
ヂヨ	ニヨ	nü (nǚ)	niu	ṇɪo (ṇḍɪo)	nɪag	女
ト	ツ	tu (dū) (dōu)	tu	to	tag	都
キヤウ	ガウ	tš'iaŋ (qiáng) (qiǎng) (jiàng)	k'iaŋ	gɪaŋ	gɪaŋ	強
コウ	ク	kuəŋ (gōng)	koŋ	kuŋ	kuŋ	工
チヨウ	ヂユウ	ṭṣuəŋ (zhòng) ṭṣ'uəŋ (chòng)	tʃɪoŋ tʃ'ɪoŋ	ḍɪoŋ	dɪuŋ	重
ジン	ニン	rən (rén)	rɪən	nɪěn (rɪěn)	nien	人
リヨク	リキ	li (lì)	liəi	liək	lɪək	力
キヨウ	コウ	šiəŋ (xīng) (xìng)	hiəŋ	hɪəŋ	hɪəŋ	興
イム	オム	iən (yīn)	iəm	˙ɪəm	˙ɪəm	音
キウ	ク	tšiəu (jiŭ)	kɪəu	kɪəu	kɪog	九
トウ	ヅ	t'əu (tóu)	t'əu	dəu	dug	頭
キ	ケ	tš'i (qì)	k'ɪəi	k'ɪəi	k'ɪəd	気

呉音・漢音は字音仮名遣いで示した。ただし、撥韻尾の「―ム」と「―ン」は区別した。また、推定音は藤堂明保による。
［出典］松村明『大辞林　第三版』（三省堂、2006）をもとに作成

から、-nと-mの区別が失われ、-ŋも鼻音性を失って-uになった。

▶入声《にっしょう》音…英語のdesk(机)、cat(猫)、shop(店)は、-k、-t、-pのように子音で終わる単語で日本人には発音が難しい。漢字音にも、古く-t(=舌内入声)・-p(=唇内入声)・-k(=喉内入声)で終わる音があり、「三内入声」と言う。いずれも13世紀頃から開音節化して-tはツ・チ、-pはフ(さらにウ)、-kはク・キと発音されるようになる。ただし、-tは16世紀末頃まで-tの発音を保っていた。

4 日本漢字音の系統

中国の漢字音は、時代によって異なり、また広大な国土の中での地域差もある。日本に輸入された時期やその経路によって、複数の音が段階的に伝わり、おおよそ語ごとに読み方が定まって現代に至っている。

その主な音は、呉音と漢音および唐音であり、さらに古音や近代音もある。このそれぞれが、重層的に受け継がれた点にも日本漢字音の特徴が窺い知られる。つまり、漢字音を自国語に取り入れたのは日本だけではないが、他の国は一字一音である。しかし、日本漢字音は、新しい音が伝来してもただちに改めることをせず、それぞれの漢語音として定着させてきた(表2-3)。

その理由は、1つには、昔の日本人は直接に生の中国語音に接する機会が少なく、すべての音を体系として受け

表2-3 呉音・漢音対照表

(1) 子音について	
マ行=呉音、バ行=漢音	……万(マン・バン)、美(ミ・ビ)、文(モン・ブン)
ナ行=呉音、ダ行=漢音	……男(ナン・ダン)、内(ナイ・ダイ)、奴(ヌ・ド)
濁音=呉音、清音=漢音	……平(ビョウ・ヘイ)、神(ジン・シン)、強(ゴウ・キョウ)
(2) 母音について	
エ=呉音、ア=漢音	……家(ケ・カ)、下(ゲ・カ)、馬(メ・バ)
ウ=呉音、オ=漢音	……都(ツ・ト)、図(ズ・ト)、布(フ・ホ)
エ=呉音、イ=漢音	……気(ケ・キ)、戯(ゲ・ギ)、衣(エ・イ)
エン=呉音、アン=漢音	……山(セン・サン)、間(ゲン・カン)、眼(ゲン・ガン)
オン=呉音、エン=漢音	……建(コン・ケン)、言(ゴン・ゲン)、権(ゴン・ケン)
アイ=呉音、エイ=漢音	……西(サイ・セイ)、体(タイ・テイ)、礼(ライ・レイ)
エ=呉音、エイ=漢音	……世(セ・セイ)、繫(ケ・ケイ)、衛(エ・エイ)
ウ=呉音、オウ=漢音	……工(ク・コウ)、公(ク・コウ)、奉(ブ・ホウ)
ヨウ=呉音、エイ=漢音	……明(ミョウ・メイ)、京(キョウ・ケイ)、生(ショウ・セイ)
ヨウ=呉音、オウ=漢音	……行(ギョウ・コウ)、荘(ショウ・ソウ)、猛(ミョウ・モウ)
イキ=呉音、ヨク=漢音	……色(シキ・ショク)、食(ジキ・ショク)、力(リキ、リョク)

入れ、総入れ替えをする事態に至らなかったことがあり、また、それぞれの音は、貴族社会では博士家における漢籍、仏教寺院では学僧による仏典読誦といったように、漢字音ごとに、その主たる担い手と彼らが親しんだ文献とが互いに異なっていて、それぞれの文献に用いられた語彙の読み方として音が定着したことによる。

▶古音…5世紀以前に朝鮮半島で用いられた漢字音で、渡来人によってもたらされ、日本で最も古くに用いられた。漢代以前の音に基づくか。「意(オ)」「支(キ)」「止(ト)」など。

▶呉音…推古朝(592〜628年)までに朝鮮半島の百済を経由して伝わった音。百済は中国六朝時代(420〜589年)の中国南朝と交流があり、その長江下流域の呉地方の発音を輸入した。現代でも「利益(リヤク)」「功徳(クドク)」などの仏教語や「二(ニ)」や「六(ロク)」といった数詞など、日常的に用いる語に使われる。

▶漢音…呉音に次いで伝わった音で、隋・唐の洛陽あるいは長安の標準音(中古音)に基づくもの。遣唐使が直接日

表2-4『韻鏡』の図式の様式

声調	韻目	等	半歯音、次濁	半舌音、次濁	喉音				歯音					牙音				舌音				唇音			
					次濁	濁	清	全清	濁	清	全濁	次清	全清	次濁	全濁	次清	全清	次濁	全濁	次清	全清	次濁	全濁	次清	全清
平	韻の名	1		l		ɦ	h	.		s	dz	tsʻ	ts	ŋ		kʻ	k	n	d	tʻ	t	m	b	pʻ	p
		2		l		ɦ	h	.		ṣ	ḍẓ	ṭṣʻ	ṭṣ	ŋ		kʻ	k	ṇ	ḍ	ṭʻ	ṭ	m	b	pʻ	p
		3	ř	l	ɥ		h	.	ʒ	ʃ	dʒ	tʃʻ	tʃ	ŋ	g	kʻ	k	ṇ	ḍ	ṭʻ	ṭ	m	b	pʻ	p
		4		l	y	(ɦ)	h	.	z	s	dz	tsʻ	ts	ŋ	g	kʻ	k	n	d	tʻ	t	m	b	pʻ	p
上	韻の名	1						(参考)簡略記号		s	dz	tsʻ	ts				(参考)簡略記号	n	d	tʻ	t				
		2								ṣ	ḍẓ	ṭṣʻ	ṭṣ					ṇ	ḍ	ṭʻ	ṭ				
		3							ʒ	ʃ	dʒ	tʃʻ	tʃ					ṇ	ḍ	ṭʻ	ṭ				
		4							z	s	dz	tsʻ	ts					n	d	t	t				
去	韻の名	1						(参考)音韻論の表記		/s/	/dz/	/cʻ/	/c/				(参考)音韻論の表記	/n/	/d/	/tʻ/	/t/				
		2								/sr/	/dzr/	/cʻr/	/cr/					/nr/	/dr/	/tʻr/	/tr/				
		3	/ry/						/zry/	/sry/	/dzry/	/cʻry/	/cry/					/nry/	/dry/	/tʻry/	/try/				
		4							/z/	/s/	/dz/	/cʻ/	/c/					/n/	/d/	/tʻ/	/t/				
入	韻の名	1																							
		2																							
		3																							
		4																							

[出典] 藤堂明保編『学研漢和大字典』(1977) をもとに作成

本にもたらした字音体系で、奈良時代末には朝廷の奨励する正音と定められるが、呉音を排除するには至らなかった。江戸時代になって儒学の普及に伴い、漢音は広く浸透した。

▶唐音…唐宋音、宋音とも。12〜13世紀に禅僧が入宋し、中国浙江地方の字音を日本に輸入した。その後、江戸時代まで、禅僧や長崎通事などを通して日本に入ってきた音を総称して言う。呉音や漢音のように体系的には定着せず、特定の語彙音として伝わった。「行灯（アンドン）」「蒲団（フトン）」「外郎（ウイロウ）」など。

▶近代音…幕末明治時代以後に貿易などを通じて伝わった音。「麻雀（マージャン）」「烏龍茶（ウーロンチャ）」など。外来音として扱われる。

なお、必ずしも上記に当てはまらないが、日本語の中で定着した漢字音として、いわゆる「慣用音」がある。

▶慣用音…日本で独自に変化した字音。たとえば、本来の漢字音では、「立」はリュウ、「戯」はキであるが、現代日本語では、リツ、ギ・ゲとそれぞれ読まれている。ただし、漢和辞書などに「慣用音」とするものの中には、『韻鏡』（表2-4, 図2-22）から理論的に導き出した音とは異なっているという理由でそのように呼称されたものもあり、日本伝来の証拠のある呉音や漢音と認めるべきものもある。

また、「洗滌」のように、本来「滌」はデキと読むべきであるが、形声の音

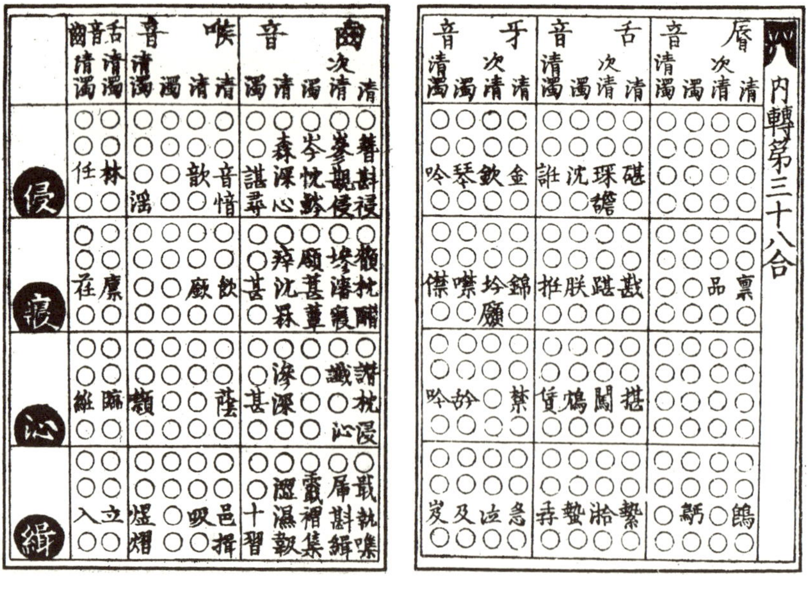

図2-22『韻鏡』

【出典】『韻鏡校注』（藝文印書館、1960）より

符「條（条）」にひかれてジョウと読まれるようになるなど、誤った類推に基づくものもある。慣用音のうち、このように、漢字の旁の音符にひかれて誤った類推から定着した読み方を、特に「百姓読み」と言う場合がある。「消耗」をショウモウ（本来はショウコウ）、「堪能」をタンノウ（本来はカンノウ）、「輸出」をユシュツ（本来はシュシュツ）などであるが、現代では正しい読みとされている。

▶漢字音の日本語表記…上記のように、外来音としての漢字音は、日本語音とは必ずしも一致しないので、漢字音固有の音を表記するのにはさまざまな工夫が試みられた。たとえば、12世紀の国語辞書『色葉字類抄』（三巻本）では、「准」字に「スヰン」「シユン」「スン」の三つの表記が共存しており、これらが社会的に容認されていたことが知られる。

また、当初は、日本語音に無い漢字音を仮名で書くことをせずに、類音字（同音字とも）といって、近似した（あるいは同じ）音をもつ漢字を用いて書き表すこともあった。濁音の「降（ガウ）」を「我ウ」、「限（ゲン）」を「下ン」と表記したり、拗音の「章（シャウ）」を「者ウ」、「宗（シュウ）」を「主ウ」、また、「観（クヮン）」を「火ン」、「券（クェン）」を「化ン」と書いたりするのがこういった事例であって、さらに、-ŋ（＝喉内鼻音）は「ウ」の仮名を当てて表記することが定着してゆ

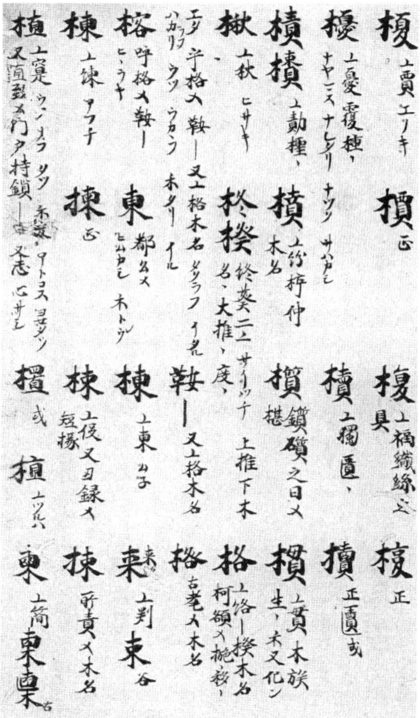

図2-23『観智院本類聚名義抄』の「レ」符号

左から3行目2字目の「東」の見出しの下に見える「禾トウ」の「禾」は、「和」の略字で、「和音」すなわち呉音を意味する。したがって、和音では、「トウ」であるということを示しているが、「ウ」の右肩に「レ」の符号が付されていて、これによって、仮名どおり「ウ」の音ではなく、本来の中国原音の鼻音性（-ŋ）を残している発音であることを示している。

（天理大学付属天理図書館蔵）
［出典］『天理図書館善本叢書　和書之部　第三十二巻　類聚名義抄　観智院本』（八木書店、1976）より

くが、その右肩に「レ」を付して-uではないことを示す工夫もされた（観智院本『類聚名義抄』など）（図2-23）。

やがて、仮名を用いて書く習慣が徐々に定まってゆくが、この中には、鼻音を表記しない「ほい（本意＝ホンイ）なし」、「あない（案内＝アンナイ）す」、拗音を直音で書き表した「みずほう（御修法＝ミジュホウ）」、入声の「せきぶつ（石仏＝-k、-t）」など、仮名表記のまま読まれて定着した語もある。

また、こういった漢字音の書き表し方について、本居宣長は、その著『字《じ》音仮字用格《おんかなづかい》』（安永4年、1775年）で本格的に説いた（＝「字音仮名遣い」）。

ただし、江戸時代までの字音仮名遣いは、『広韻』（図2-24）などの中国の韻書を用いて理論的に導き出したものであり、日本側の古文献の実例と合わない部分もあり注意が必要である。

たとえば、「水」は「スヰ」とするが、平安時代の古文献では「スイ」と書かれており、「宝」「帽」「毛」は「ハウ」「バウ」「マウ」とされてきたが、古文献の例に従えば「ホウ」「ボウ」「モウ」である。

このように、近年では、江戸時代の学者が韻書によって理論的に導き出した漢字音およびその表記について、それぞれの時代の文献資料を用いて実証的に検証され、日本漢字音の実態が解明されてきている。

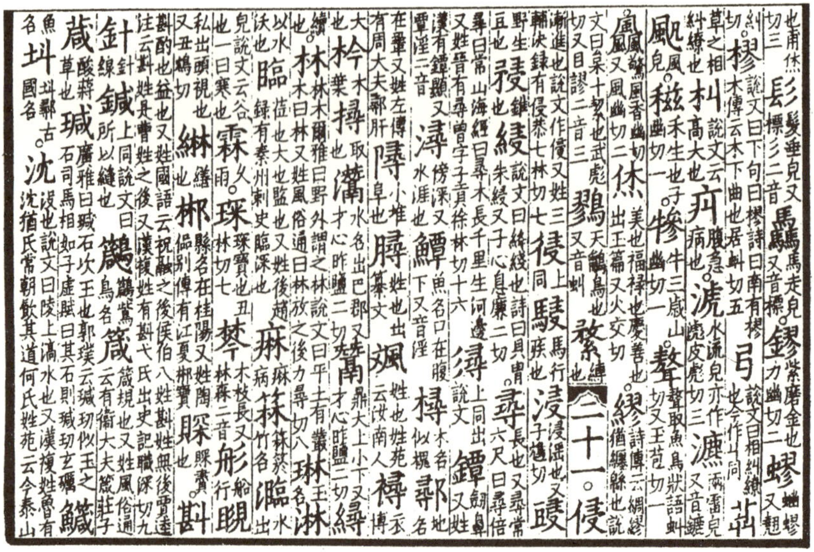

図2-24『広韻』

【出典】四部叢刊初編経部『広韻五巻』（上海商務印書館、1936）より

第6節　訓

1　訓とは

中国では、漢字の意味に関する注記のことを訓と称した。日本では、訓読みとも言い、ある漢字に対応する和語（やまとことば）をさすようになった。

現在では、外来語を含めて、漢字の本来的な音読み以外の読み方をさすものとなっており、まれに別の字の音読みに起源をもつものも含む。

漢字が本来的にもつ意味に即した訓読みのことを正訓と言い、一般に定着した訓読みのことを定訓と呼ぶことがある。

漢字を漢語以外の固有語で発音する方法は、かつては朝鮮、ベトナムでも行われた。

日本では、「ぬかたべ」を「各（額）田ア（部）」と記した6世紀の岡田山一号墳出土太刀の銘が、早期の確かな例とされている。こうしたものも、半島の渡来人が伝えた方法によったのであろう。漢字に万葉仮名で訓を注記した音義木簡（字書木簡）も出土している（図2-25）。

なお、中国でも、訓読みにあたる方法は、現在、各地で方言の表記に見受

■漢字の音読みと訓読み

漢字	音	訓
山	セン・サン	やま
天	テン	あめ・あま
空	クウ	そら・から・あく・すく
人	ニン・ジン	ひと
土	ド・ト	つち
地	ジ・チ	つち
城	ジョウ・セイ	き・しろ
同	ドウ	おなじ
動	ドウ	うごき・うごく
生	ショウ・セイ	なま・き・うむ・おう・いきる・はえる

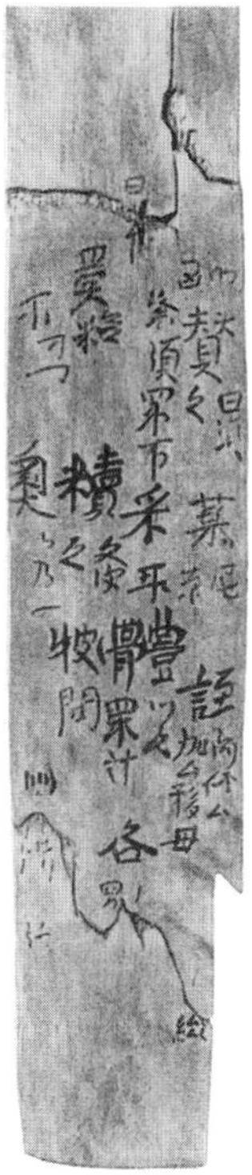

図2-25　北大津遺跡出土「音義木簡」

（滋賀県立安土城考古博物館蔵）

［出典］沖森卓也『日本語の誕生—古代の文学と表記』（吉川弘文館、2003）より

けられる（例：福建語で肉をバーと読む）。しかし、日本語のように訓読みが体系性をもち、かつ政府に公認されるものとはならなかった。

「生」のように、1つの字に多数の訓読みが定着したものもある。これは、その字が一般化し、元々中国で字義が広がっていたことに加え、それに近い意味をもつやまとことばが複数あったことなどによる。なお、「いきる」は、意味やニュアンスによっては「活きる」と書かれることもある。これは異字同訓と呼ばれ、字を中心にとらえれば同訓異字と称される。

その一方で、定訓をもたなかった漢字ややまとことばも存在する。「個」「儀」や、「はぐらかす」「めくる（捲が当てられることがある）」「やつれる（窶などが当てられることがある）」がその例である。訓がある漢字であっても、「持つ」「成る」「出来る」「（行った）事（がある）」など、仮名で書かれる傾向が強いものもある。

訓読みとなった和語（やまとことば）が意味に派生などの変化を生じると、それに即して字義が拡大することがある。下段の訓がその例である。

訓読みにも位相（名乗字など）や、地域差が見られる。たとえば「谷」という字を「たに」ではなく「や」のように読む地名や姓は、本来は関東の方言による訓読みである（図2-26）。

近年でも、「漢と書いて「おとこ」と読む」といったフレーズが若年層に

■訓読みを介した字義の拡大

- 安い　やすい
  心がやすらかだ（安心）＞金額がやすい

- 諦める　あきらめる
  あきらかにする（諦観）＞断念する

このように訓読みを介して字義が拡大したため、それに基づいて「安価」（価格が安い）「諦念」（やりたいことを諦める意）といった和製漢語も造られた。

図2-26　訓読みの地域差

大阪府には渋谷（しぶたに）がある。

渋谷駅　　しぶや　　東京都

（撮影、笹原）

流行するなど、訓読みにも位相による違いも存在し、変化が続いている。

2 音と訓との関係

漢字は、元々音読みを有するが、日本では訓読みが加わり、ある字が文脈の中でどのように読まれるものなのか、判断を要するようになる。

漢文に付される訓点としては、音読符、訓読符も与えられた。

音読みされる語には、「困（こう）ず」「双六（すごろく）」「執念（しふね）し」のように音読みが不規則に変化して日本語として定着し、字訓との混淆も生じた。

字音によってつくられた語を字音語、漢語と呼ぶことがある。先にあげた一部の国字のほかに、和製漢語も少なからずあり、中には「出張る」という訓読みを交えた表記から「シュッチョウ」が生じるケースもあった。和製漢語を特に字音語と呼ぶことがある。

音読みと訓読みを交ぜて語をつくり、また使うことが生じている（図2-27）。中世以降、それらは教養が足りないことによるものとして非難されることもあった。しかし、そうした混種語には、語種意識を抱きながらつくられたものもあった可能性があり、また漢語を使いこなすことで、和語と区別なく用いた結果とも見ることができる。「輿論」の書き換えによって生じた「世論」を、湯桶読みを避けてあえて「セロン」と読むようなこともある。

■訓と位相

- 位相熟字訓
  秋桜《コスモス》(歌謡曲の題名に)、運命《さだめ》(演歌などの題名や歌詞に)、本気《まじ》・真剣《まじ》（漫画の題名や吹き出しに）

音訓にも、特定の位相に特有のものが見られ、方言と位相語にも表記される。

- 位相訓
  月極《ぎめ》（駐車場の看板で）、牛舌《タン》（メニューで）
- 地域訓
  凍《しば》れる（北海道で）、峡《はけ》（東京で、地名にも）、谷《やと》（鎌倉で、地名にも）、鱆《たこ》（大阪で、店名に）、嬢《いと》はん（関西で）、開《ばり》（徳島で、地名に）、城《ぐすく》（沖縄で、地名・姓にも）、美《ちゅ》ら島（沖縄で）

■漢字音出自の訓

「馬」は音読み「マ」が転化して「うま」となった。

「梅」も同様であった。

「紙」の「かみ」も「簡」（カン）とのかかわりが指摘されている（末尾の子音に音韻上の不整合はある）。

「文」の「ふみ」、「筆」の「ふで」なども同様である。

「死」の「し」のように訓読みと音読みとが本来同一の起源を持つのか否か説が分かれるものもある。

「匹」の「ひき」、「奥」の「おく」なども、同様に判断が分かれている。

■音と訓からなる熟語

- 湯桶読み　訓読み＋音読み
  手本（てホン）
  夕飯（ゆうハン）

- 重箱読み　音読み＋訓読み
  新芽（シンめ）
  降灰（コウはい）

「訳」（ヤク、わけ）のように音読みと訓読みとで意味を分担することがあるが、「風車」「市場」などでは前者の方が大がかりな意味となる傾向がある。

なお、改定された「常用漢字表（2010）」では、平均すると漢字1字に対して、音読みが1強、訓読みが1弱、それぞれ認められている。

3 熟字訓

「大和」（やまと）「昨日」（きのう）「似而非」（えせ）「一寸」（ちょっと）「五月蝿（うるさ）い」など、熟語など2字以上の文字列で、各字の音義と対応しない語を表記するものを熟字訓と言う。

これらは、文字列全体の字義と語義との間に何らかの関連性を見て取れるが、一字一字については読みと対応しないため、当て字と位置付けることも可能である。『万葉集』では、「十二月」で「しはす」といった熟字訓、「十六」で「しし」（4×4＝16　猪・鹿などを意味する「しし」）と読ませるような遊戯的な表記（戯書・戯訓）まで行われた。

「当用漢字表」では当初、このたぐいを認めず、一切採用をしなかったが、「当用漢字音訓表」の改定の際に至って、広まっているものに限って付表に採用するようになった。

「日下」（くさか）「飛鳥」（あすか）のように、奈良時代以前から存在したものもあり、早くから和語に漢字を当てはめようとした結果と言える。これらは枕詞に由来するものとされる。

「蒲公英：たんぽぽ」のように中国での熟語（蒲公英はホコウエイ）に対応する和語を当てはめたものもある。

日本語では、「欧羅巴」で「オウラハ」ではなく「ヨーロッパ」、「英吉利」で「エイキチリ」ではなく「イギリス」

図2-27「自鳴鐘」

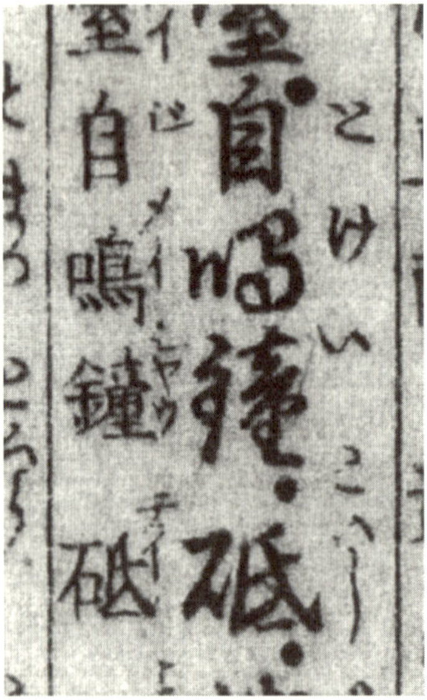

〔出典〕『大全早引節用集』

■判じ物のような固有名詞

- 姓…「薬袋」（みない）「月見里」（やまなし）「小鳥遊」（たかなし）「四月一日」（わたぬき）「栗花墜」（つゆり）
- 地名…「十八女」（さかり）「一口」（いもあらい）「左沢」（あてらざわ）

このうち、「みない」「いもあらい」には、由来についての伝承が複数あり、はっきりしない。

地名では、「小田」で「やないだ」と読ませるものもある。これは、昔、ネズミが「梁田」と書かれた書類の上の方をかじってしまって、残った部分が「小田」として定着したと伝えられている。個別にそうした由来が伝えられる場合もある。

と読むことができる。それは、日本では「七夕」を「たなばた」、「タバコ」を「煙草」と表記するような熟字訓という方法があり、それを準用させたものとも言える（図2-28）。中国や韓国では、それらは漢字を一字ずつ音読みするしかなく、原音との乖離が生じるのである。

近年でも、「首領」と書いて「ドン」、「秋桜」と書いて「コスモス」、「本気」と書いて「マジ」と読ませるたぐいのものが歌謡曲や漫画、小説などで現れている。

4 訓読みに関する問題点

日本の漢字には、「峠」「扱」「嬉」「嘘」「噂」など、通常、訓読みでしか用いられないものがある。それは国字で、元より音読みがないもののほか、中国では音読みを持った漢字であったが、日本では音読みが使われることがなく、訓読みだけが用いられる字となったものである。

読めない語や人名はとりあえず音読みしておくと無難とされるが、川端康成の『雪国』の冒頭に現れる「国境」という語のように、特定の文脈において、音読みと訓読みとで意味の差が強く意識されることもある。

現代の日本語は、通常、漢字と平仮名とを混用して表記される。その漢字は和語を表記する、つまり漢字に訓読みがなされることがある。

図2-28 熟字訓の例

紫陽花（あじさい）、煙草（タバコ）などは、常用漢字表では認められていない。

小豆（あずき）	足袋（たび）
海女・海士（あま）	一日（ついたち）
田舎（いなか）	梅雨（つゆ）
大人（おとな）	雪崩（なだれ）
為替（かわせ）	二十(歳)（はたち）
今日（きょう）	一人（ひとり）
五月雨（さみだれ）	吹雪（ふぶき）
竹刀（しない）	紅葉（もみじ）
山車（だし）	大和（やまと）
七夕（たなばた）	浴衣（ゆかた）

■名乗字

名乗字には、独特な訓読みが見られることがある。

「和」で「かず」、「一」で「かず」「はじめ」、「徳」で「なる」、「朝」で「とも」などといった名乗り訓は、平安時代末から鎌倉時代初めにかけてすでに辞書に組み込まれ、次第に習慣化し、その数を増すが、中には漢籍に根拠を求めえないものも見られた。

近年では、さらに歴史性や根拠の見出しにくい新規の例もしばしば現れている。

第7節　国字と国訓

1　国訓

漢字は、中国から、あるいは朝鮮を介して日本列島に伝わり、当初は、それらの地での漢字の用法に従って使用していた。たとえば、「橿」を「かし」（木の名）として用いるのは中国で生じた用法による訓読みであり、「椋」を「くら」（倉）として用いるのは朝鮮で生じた用法による訓読みである。

日本に伝来した漢字は、日本で用いられていく中で、次第に、あらゆる点で日本化が起こった。たとえば字音は、声母、韻母、声調のいずれにも日本語化が発生し、類推などにより「輸《ユ》」「絢《ジュン》」など慣用音まで派生した。漢字が日本語を表記するようになると、次第に、漢字には、中国とは異なる意味や用法が現れる。それを国訓と呼ぶ。

たとえ日本の筆記者が新たな文字として創作したつもりでも、中国の著名な文献に先に同一の字体が存在していた場合には、国訓とみなされることがある。そうしたものも従来は、字義が日本で拡大、派生したものと合わせて国訓と一括りにされてきた。

しかし、日本語の漢字を把握するためには、個々の漢字や使用文献の来歴

■国訓の例

椿　つばき（中国では霊木の名）

鮎　あゆ（中国ではナマズ）

鮭　さけ（中国ではフグ）

杜　もり（中国では木の名コリンゴ、ふさぐ）

芝　しば（中国ではキノコなど）

粉　デシメートル（中国ではこな）

「粉」（こな）など中国の字義は、日本でも使われている。

漢字の意味や使い方を派生させたり転用させたりすることによって、字音語にも、

「番」（バン　見張りの意）

「旬」（シュン　一番良い時期。中国では十日間）

といった国訓が生じた。訓読みが多いが、それに限らずこのように広く日本製の字の意味を国訓と言う。また、漢字の構成要素と構成法に再解釈・見立てを加えることなどによって、

「森」（もり）

「弗」（ドル）

などの国訓も生じた。外来語の場合は、当て字としてもとらえられる。

■国字の構成方法

会意…峠　込　榊

形声…働　腺　鰊　鋲

象形…〇（ゲレイン　ローマ字の「G」をかたどる）

指事…𣏐《もぎき》（姓、「木」から「人」（枝）を取り除いたもの）

合字…粂　麿

その他…俣（「俣」が変化したもの）　匁（中国での「錢」の崩し字から）　枠（「椊」の略字からとも言う）

国字の例	出現時代
鴫　しぎ	奈良時代
榊　さかき	平安時代
畑　はた	鎌倉時代
峠　とうげ	室町時代
枠　わく	江戸時代
俥　くるま	明治時代

や伝播をとらえつつ、個別に検討を加える必要がある。「杜」（もり）が、中国での「杜甫」「杜絶」などでの使用例を知らずにつくった結果とみなしうるのかどうか、当時の書籍などの伝来や識字の状況から見て、存在を知った上で転用させたという可能性を考えなければならないのである。

2 国字

●国字の発生

漢字は中国において歴史上常に造られつづけ、周辺国に影響を及ぼした。

そうして漢字の構成法と要素を模倣して日本でつくられた文字を国字と呼ぶ。造り字、和字、倭字などとも呼ぶ。漢字文献における擬製漢字の一つともされ、朝鮮、ベトナムでもそれにならった造字が行われていた。朝鮮では、たとえば「た(水田)」に「畓」という字をつくっていた。中国や朝鮮での造字の影響を受けて、日本でも造字がなされるようになる。なお、国字は、一国における標準的な文字体系や、和字などと同様に仮名(合字を含む)などのことをさすこともあるが、ここでは日本製漢字と、それに準ずる文字のことをさす。漢字に包含されるが、漢字を中国製のものに限って狭くとらえる場合、その対として国字と言う(図2-29)。

受容した漢字を血肉化し大衆化する中で、仮名よりも真名という価値意識を背景につくられ続け、使われた国字は数千種に達すると考えられる。

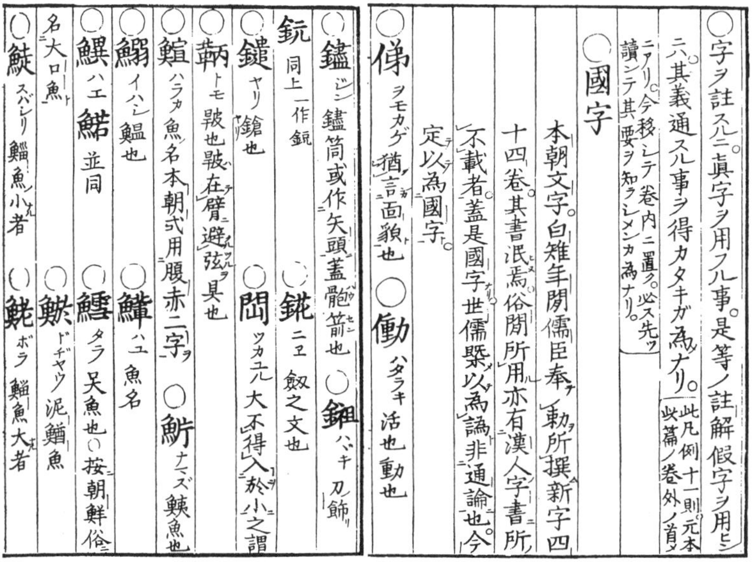
○字ヲ註スルニ真字ヲ用フル事。是等ノ註解假字ヲ用ヒシ二六。其義通スル事ヲ得カタキガ為ナリ。〔此凡例十一則元本此篇ノ巻外ノ首ニアリ。今移シテ巻内ニ置ク。必ス先ツ読シテ其要ヲ知ラシメンカ為ナリ。〕

○國字

本朝文字。白雉年間儒臣奉勅所撰新字四十四巻。其書泯焉。俗間所用亦有漢人字書所不載者。蓋是國字。世儒槩以為譌。非通論也。今定以為國字。

○俤 ヲモカゲ 猶言面貌也

○働 ハタラキ 活也動也

○[illegible] ジン [illegible]筒或作矢頭蓋䩬箭也 ○鎺 ハバキ 刀飾

鈨 同上一作鈨 ○錵 ニヱ 鍛之文也

○鑓 ヤリ 鎗也 ○閊 ツカユル 大不得入於小之謂

○鞆 トモ 韝也韝在臂避弦具也

○鰚 ハラカ 魚名本朝式用腹赤二字 ○[illegible] ナマズ 鮧魚也

○鰯 イハシ 鰛也 ○[illegible] ハユ 魚名

○[illegible] ハエ [illegible] 並同 ○鱈 タラ 呉魚也 按朝鮮俗名大口魚

○[illegible] ドヂヤウ 泥鰌魚

○[illegible] スバシリ 鯔魚小者 ○[illegible] ボラ 鯔魚大者

図2-29 『同文通考』（「異体字研究資料集成」所収）

［出典］河野六郎・千野栄一・西田龍雄『言語学大辞典 別巻 世界文字辞典』（三省堂、2001）より

訓読みを表すために、会意文字の方法が採られたものが多いが、「丸」と同源で同義の和語「まろ」に対する万葉仮名「麻呂」が合わさった「麿」や、「久米」が合わさった「粂」というような合字も早くから生み出された。

改定「常用漢字表」(2010年) に採用された国字は十字程度であるが、表外字であっても国字は一般にはより多く使われており、固有名詞などを含めると今なお数百種が使われている。

一方、漢字に対する日本製の異体字(「俟」に対する「俣」。なお「俣」は「俁」に対しては中国にも存在する) だが、音義が日本化したものも国字とされてきた。漢字が字体を転化させ、さらに用法にも変化が生じたケースでは、国字とみなされることがある。

●国字の変遷

国字は、天武天皇の時代に「新字《にいな》」というものが編纂された頃からあるとも言われる。この記事は史書編纂時に生じた潤色によるものとしても、奈良時代やそれ以前の金石文・木簡や文献(記紀、万葉集、風土記など) から出現している。

「鞆《とも》」

「皁《くさか》」(合字)

「鵤《いかるが》」(「和名抄」に漢籍を引く記述があり、中国製の可能性あり)

「鰯《いわし》」

平安時代に編まれた漢和辞典である『新撰字鏡』が引く「小学篇」には、

■国字と区別すべき字

ほとんど日本でしか見られない字であっても、かつて中国から伝わり、日本にのみ残存するという可能性も同様に考慮しなければならない。「弖」(テ)「卄 (ササ)」(菩薩の略合字)「搾」(サク　しぼる)「蝍」(蛛くも) などは、国字とされることがあるが、中国での古い使用例が見つかっている。「匁」は「文」と「メ」の合字と解釈されることが多い。

中国 (現代)	日本
銭>刄(セン・もんめ)	>匁 もんめ
匂>匂(イン・におい)	>匂 におい
俟 (シ・まつ)	>俣 また
榲 (オン・すぎ)	>椙 すぎ

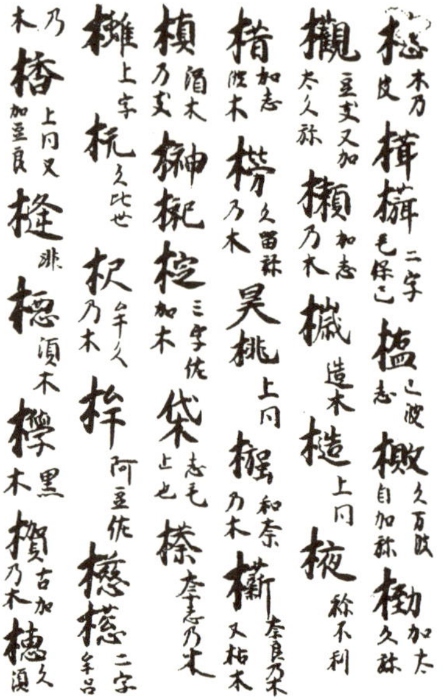

図2-30『新撰字鏡』が引く「小学篇」
「榊」もすでに見られる。
(宮内庁書陵部蔵)

[出典] 京都大学文学部国語学国文学研究室編『天治本　新撰字鏡 (増訂版)』(臨川書店、1967) より

すでに400程度、国字、国訓のたぐい（漢字、日本製異体字も一部含む）が集められており、それらに対する研究の萌芽が見られる（図2-30）。中世の真名本、記録体、往来物などの書籍、文書から明治期の文芸まで国字は多数産出され、江戸時代には実証的な研究も行われるようになる。

「榊」のように中国に見つけられない概念をもつ語を表記するものが多いが、同様の概念をもつ漢字・漢語がある場合でも、「橿《キョウ》」（かし）に対する「樫」のように、新規の造字がなされることがあった。魚名、植物名に顕著であり、「真名」尊重と、日本人の感性に適合させようとする意識をうかがうことができる。

国字は、和語を訓とするものが多いが、「枠」「鋲」のように漢語に由来する語を表記する例もある。

「繧《ウン》」（繧繝《ウンゲン》　雲間《ウゲン》、暈繝《ウンゲン》が古い）
「鋲《ビョウ》」

のような例、さらに、「褄《つま》」「裃《かみしも》」のように形声の原理を応用して旁で訓読みを示すものもある。

「田畠《デンバク》」のように類推などにより音読みされるケースも平安末期頃には現れ、次第に和製漢語を表記するための国字やその用法（「はたらく」を「動」と記し、さらに「イ」（にんべん）を加えた「働」をさらに転用して「ドウ」とする例など）も現れた。

明治期以降の造字は、下段の「栃」のほかには、「俥《くるま》」（人力車）は音がシャ

■国字の背景

「鶺」より「鴫」（しぎ）
「橿」より「樫」
「麹」より「糀」
「田」（はたけの字義ももつ）より「畑」
「嶺」より「峠」
「礼」より「躾」
「篠」より「笹」

国字は、すでに同義、類義の漢字が存在し、認識されていても、和語の語義とのずれを修正し、あるいは構成要素をイメージに適合させるために造られ続けた。

国字に会意が多いのは、形声文字が漢語の音節を表すのに適していたのに対し、和語を訓読みとするためにはイメージを喚起しやすい会意の方法が文字の表意性と表語機能に合っていたためであろう。

「杤」（とち）は、とち（十かける千）という木として生じ、「櫔」（レイ　実のなる木）が影響を与えて「栃」となった。

国字でも、熟語を構成する要素となる場合などに、旁の部分から類推して漢字に準ずる発音が与えられることが生じた。「栃木へ帰る」ことを「キレイ」と言うことがある。「厲」や「励」などからの類推によって生じた音である。上記の複数の系統の字が新たな造字やその定着を促したケースである。

漢語に直接は由来しないものもある。「鮟鱇」は、和語に由来する語を形声で表す例である（1字目は音読みであるが国訓となる）。

「麻呂」が「麿」へと合字化した背景には類似する合成パターンが中国に先にあること、「丸」のように一概念が一字で表記される傾向がある。「上下」（かみしも）も「裃」を経て「裃」となったものである。

（中国将棋の字などにも見られるが、字体が一致したのは偶然であろう）、「挘」（訓義は「むしる」「もぐ」で漢字「芼」の字体と字義によるとも考えられる「毟」に基づく）、「炻《セキ》」（炻器。位相性が高い）が定着したくらいである。他には、「瓩《キログラム》」「錻力《ブリキ》」のたぐいが外来語を凝縮する表記として広まった（図2-31）。

なお、字体の面では、「広」（廣）「畳」（疊）「囲」（圍）など、日本で各時代に独自の異体字が生まれた。これらは、元となっている漢字との関連が音や意味・用法などの面で強く意識されるため、国字ではなく、日本製の異体字としてとらえられる。書法の和様や熟語などにおける和製漢語とともに、国字の出現と定着は漢字の日本化の流れの中に位置付けることができる（図2-32）。

●国字の位相

国字は、初めは個人がつくったものがほとんどであったであろう。使用者が作製者自身にとどまり、やがて死字のようになるものがある一方で、社会で広がりを見せることも生じた。

連歌・俳諧師が懐紙に用いたという「凩《こがらし》」「鵆《ちどり》」（鴴の動用字で、字音を失ったとも見られる）など新在家文字や世話字、作事修理方の文字と呼ばれるものにも国字が含まれる。字表記を求める特定の集団や好尚、威厳を重んじる場面などで使用習慣を得るものも現れる。歌舞伎などの外題（7字、5字が

図2-31　葛飾北斎『今様櫛𥶡雛形』
西鶴作品に見られる造字「𥶡」（キセル）が音読みで使用されている。

（葛飾北斎美術館蔵）
［出典］『日本の漢字』（岩波書店、2006）より

図2-32　林述斎『濹上漁謡』
述斎の造字「濹」（ボク）は隅田川を表す雅称のために、使われ続けていく。

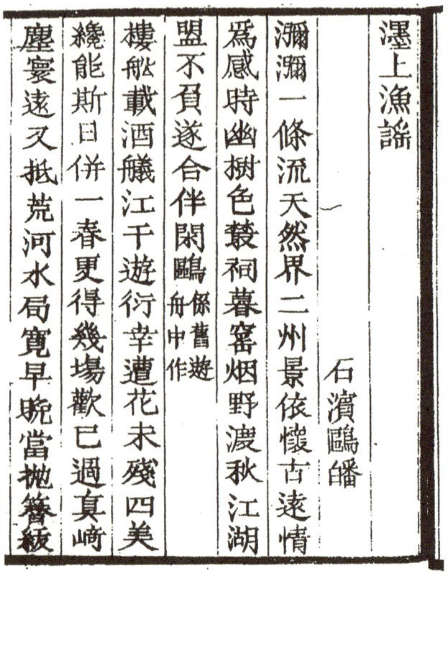

濹上漁謡
石濱鷗皤
瀰瀰一條流天然界二州景依懷古遠情
爲感時幽樹色蘘祠暮窖烟野渡秋江湖
盟不負遂合伴閑鷗係舊遊舟中作
樓船載酒艤江干遊衍幸遭花未殘四美
纔能斯日併一春更得幾場歡已過真崎
塵寰遠又抵荒河水局寛早晩當拋簪紱

（国立国会図書館鶚軒《がっけん》文庫蔵）
〔出典〕笹原宏之『国字の位相と展開』（三省堂、2007）口絵より

めでたいとされる）のように字数を揃えることから、日常の筆記の経済までさまざまな意識や行為が原因となる。

「腺」のように一人しか使っていなかった造字が種々の要件を補強していき、人々やメディアの間で受容され、国の認定に至るケースもある。また、特定の地域で使用されるようになるケースもあり、今日でも各地の姓や地名などに残って、「垰《たお》」（たわ）「杁《いり》」のように地理的な分布を呈する例もある。日系人社会で通用する造字もあった。

国字は、中国や朝鮮半島、ベトナムなどの文字や語にも影響を及ぼしているが、各国で独自の対応が行われてきており、中国語などでは、それを含む姓名や地名のたぐいをいかに発音すべきか問題となり、検討がなされている。今後、情報機器の時代において、新たな国字がつくられ、広まることが完全になくなるのかどうか、動態が注目される（図2-33）。

第8節　当て字

1　当て字とは何か

漢字は、1つの字体に対して、原則として音読みと意味とが備わっている。それらの字音や字義に従って語を表記すると、「チキュウ」は「地球」、「や

図2-33「鰯」木簡
平城京跡出土木簡に使用された国字「鰯」
（奈良文化財研究所保管）
［出典］笹原宏之『国字の位相と展開』（三省堂、2007）口絵より

■使用層による国字の分類

- 位相文字
  - 炻「セキ」（陶芸の書籍などに）
  - 圕「図書館」（図書館員のメモなどに）
  - 𨨞「はる・シュン」（人名に。個人性・地域性もある）
  - 𨉷「と」（江戸時代の忍者の暗号「しのびいろは」に）
  - 𦬇「菩薩」（僧侶のメモに）
- 地域文字
  - 彅（秋田県などの姓に：草彅《くさなぎ》。位相性もある）
  - 埖（青森県の地名に：埖渡《ごみわたり》）
  - 閖（広島の文書と地名に：野《のか》閖《づき》）
- 個人文字
  - 億（渡辺淳一の小説に：気億《けだる》い）
  - 𥄢（安藤昌益の著書に：𥄢《めだま》）

ま」は「山」となる。

一方、そうした音・義によらずに漢字が語の表記に用いられることがある。そういう表記を当て字と呼ぶ。また、語の意味や語源から見れば、それにそぐわない漢字が用いられることがある。それらには、漢字表記と語との間に不整合感が意識されることがある。

たとえば、「倶楽部」という表記は、「クラブ」という語がclubという英語に起源をもつ外来語であることが知られているかぎり、片仮名が正規な表記であり、漢字をあてがうことは正式ではないと意識されるであろう。「倶《とも》に楽しむ部」という意味は、字を選ぶ際に考えられたことが想像できる（図2-34）。

また、「奇弁」「貫録」と新聞で書かれていると、本当は「詭弁」「貫禄」ではないかと思う人が多い。漢字政策に沿って漢語の表記を書き換えた結果であるが、違和感が残り続けた。「瞳」という字を「め」と読ませることは、小説や歌詞などに見られる。「瞳」は目の中の「ひとみ」を意味し、そのように読む字であり、「め」には「目」という字を学習している。そこで、「瞳《め》」は当て字だとされるのであろう。

2 当て字の分類

当て字には、さまざまな性質のものが含まれる。

まず、単語に当てられる漢字のもつ、どの要素が利用されるのかによって分

図2-34「倶楽部」（クラブの当て字）と「珈琲」（コーヒーの当て字）の使用例

都内のJR阿佐ヶ谷駅で

（ともに都内で　撮影、笹原）

類すると、下段のようになる。

字義による表記で、「蒲公英：たんぽぽ」のように２字以上の文字列が合わさって一つの語を表すケースをとくに熟字訓と言う。

当て字は、表記される語の出自つまり語種によれば、下段の分類のように分けることができる。

当て字がなされる語は、自立語が大半を占めている。和語にも、当て字は行われる。ひらがなやカタカナがなかった奈良時代前後に行われた一字一音などによる万葉仮名も、体系的な当て字としてとらえることもできる。

『万葉集』では、恋を「孤悲」とするように字義をある程度ふまえたものも見られ、また「夏樫」で「なつかし」といった訓読みを利用した表記や「十二月」で「しはす」といった熟字訓なども行われた。ひらがな、カタカナが成立した平安時代以降も戦前に至るまで、「浅猿」（浅まし）「酒月」（盃）「浦山敷」（羨まし）などの当て字が生み出されてきた。当て字は、不規則に生じたばかりではなく、各時代における語源解釈の変化を反映する場合もあった。中世には「アテ字」という用語も現れ、検討が進められた。

漢字が１字の場合は、訓やそれに準じるものとみなされがちだが、漢字の訓にありそうにない俗語「小《ちび》」や、「粧《つく》る」のように当該文脈に依存した読みを振り仮名などで示すケース、「白」でひねって「つくも」と読ませじられるなど、発音・意味などが複合しているとみられるものも少なくない。

■当て字の分類１

利用される要素	例
字音（発音）	汎：パン
	冗句：ジョーク
	倶楽部：クラブ
字訓（発音）	鯖：サーバー
	矢鱈：やたら
	出鱈目：でたらめ
字義（意味）	扉：ドア
	煙草：タバコ
字体	弗：＄：ドル
	孑孒：ぼうふら

上記では、漢字の読みに従うことがある。汎は「ハン」、鯖は「さば」など。

「汎」や「聖（セイ・ひじり）：セント」が字音（発音）もふまえ、「倶楽部」「冗句」は字義・語義までふまえているように感

■当て字の分類２

語種	例
•和語	瞳：め
	一寸：ちょっと
	蒲公英：たんぽぽ
•漢語	倭：和
	比興：卑怯
	詭弁：奇弁
	銓衡：選考
•外来語	扉：ドア
	釦：ボタン
	型録：カタログ
	麦酒：ビール
	倶楽部：クラブ

ほかに混種語も、餡麺包（あんパン）などの当て字（交じり）の表記を生み出してきた。型録は、字訓「かた」と字音「ロク」とを利用している。

るケース（九十九：百一一）などは、通常の読みではないとして、当て字と目されることがある。

漢字表記と語義との間には、ずれが内在し、時代とともにそれが乖離することも少なくない。語義や語形の変化によって、語や語義が派生し、その解消のために当て字がなされるケースもある。「比興」から「卑怯」、「土圭」から「時計」がその例で、これは和製漢語を生みだす一因となっている。

3 当て字と意識

「仕事」「試合」「支払い」のように、「し」（和語のサ変動詞）に漢字を当てたものは、常用漢字表などで公認されている。これらは当て字だが、そのことがほとんど意識されていない。

「大和《やまと》」「七夕《たなばた》」「吹雪《ふぶき》」「蒲公英《たんぽぽ》」など、熟語単位で語を表記するものを熟字訓と言う。これらは、文字列全体の字義と語義との間に何らかの関連性を見て取れるが、一字一字については読みと対応しないため、当て字と位置付けることが可能である。当用漢字表では当初、このたぐいを認めなかったが、音訓表の改定の際に、一部を付表に採用するようになった。

漢語にも当て字はなされる。たとえば上記した中国での「土圭」を「時計」と表記したものである。また、日本を指す「倭」を、日本では同音でよい意味の「和」と変えた表記も当て字と言える（字という観点からは国訓つまり

■改定された「常用漢字表」における当て字の慣用

- 仕事…「する」の連用形「し」に音読み「シ」をもつ「仕」を当てたもの。歴史的には「仕」が「する」の訓ももっていた。

- 欧…ヨーロッパへの当て字のために一般化し、当用漢字表以降、採用され続けている字。

- 鉢・塔…いずれも梵語への音訳のための漢字だった。

- 缶…「罐」（カン）の略字とも、英語のcanへの当て字ともされる。

■外来音の漢字表記

中国で同様の行為がなされる場合には、音訳あるいは仮借《かしゃ》と称する。たとえば、

- 「匈奴」「突厥」など漢民族以外の民族の名
- 「釈迦」「卒塔婆」「魔羅」など古代インドのサンスクリット語など仏教にかかわる語

などに古くから見られ、造字による当て字もなされている。

「琵琶」「葡萄」なども、西域などから入ってきた中国語にとっての外来語に対する造字による当て字であった。

日本に入ってから、漢語として音読みされるものと、「欧羅巴」（ヨーロッパ）「英吉利」（イギリス）「華盛頓」（ワシントン）など外来語として熟字訓のように読まれるものとに分かれた。外来語と強く意識されている語に漢字が当てられると、たいていは当て字と判断される。

日本独自の字義とも言える)。「銓衡」「叡智」「貫禄」を当用漢字や常用漢字によるなど容易な漢字にしようとして「選考」「英知」「貫録」と表記するたぐいの書き換えも、当て字と言える。

4 当て字の現在と未来

戦後、当用漢字表によって原則として排除されてきた当て字であったが、根絶することはなかった。

むしろ、表外字を制限したことから、書き換えと呼ばれる当て字、たとえば「交差」(叉)「風光明美」(媚)などを生み出したり、固定化させたりしたが、定着には至らなかった例もある。表内字であっても、「十分」から「充分」を派生させ、定着させたのは機能を分担するためであるが、「豆腐」を「豆富」としたのは、字義を気にする日本人のイメージアップのためであった。

「本気と書いてマジと読む」というフレーズは、漫画から広まったもので、まだ現れてから30年も経過していない。「秋桜」をコスモスと読ませる当て字も歌謡曲から始まった。

発音と表記との相乗効果を狙った当て字は、今なお、店名や人名、インターネット用語などで、生み出されている(図2-35)。各種の文字の中で漢字を尊重しようとする意識や、名詞や動詞などはその意味を表現できる漢字で書きたいという意識が根強いことをうかがわせる。

図2-35「ひと」の当て字の例

【友人《ひと》】 ［歌詞］ ごく少数《わずか》な友人《ひと》には〔ZARD「My Baby Grand ～ぬくもりが欲しくて～」(坂井泉水)1997〕

【友達《ひと》】 ［歌詞］ 友達《ひと》が自分より偉く見えたよ〔FIELD OF VIEW「君がいたから」(坂井泉水)1995〕

【三鷹《ひと》】 ［漫画］ 三鷹《ひと》のものになっちゃったんだから〔高橋留美子「めぞん一刻 4」1983〕❖登場人物の姓。

【孫《ひと》】 ［書籍］ というのを聞いた孫《ひと》もあるだろうし、〔井上ひさし「私家版 日本語文法」1981〕

【赤ン坊《ひと》】 ［書籍］ 〔さくらももこ「そういうふうにできている」1995〕

【少年《ヒト》】 ［歌詞］ 待ち伏せてたね 危ない少年《ヒト》〔浅倉亜季「陽あたり良好」(売野雅勇)1987〕

【大人《ひと》】 ［歌詞］ 素敵な大人《ひと》に 少しずつなるために〔南野陽子「秋の Indication」(許瑛子)1987〕

【老人《ひと》】 ［漫画］ その老人《ひと》の話〔さとうふみや「金田一少年の事件簿 3」(金成陽三郎)1993〕

【犬《ひと》】 ［漫画］ あんなズボラな犬《ひと》だったなんて〔高橋留美子「めぞん一刻 1」1982〕❖擬人化。

【猫《ひと》】 ［漫画］ 女の猫《ひと》にはちょっときついかな?〔猫十字社「小さなお茶会 2000〕

［書籍］ 超有名なあの猫《ヒト》の〔荒川千尋「ねこの

[出典] 笹原宏之『当て字・当て読み漢字表現辞典』(三省堂、2010)より

第3章
仮名

第1節 万葉仮名

中国（六書の仮借《かしゃ》）や先に漢字に接していた朝鮮半島での用法（吏読《りとう》）に倣い、漢字の表語性を捨てて、音読みや訓読みを用いて表音的に記すことが行われた。この漢字の読みを借用した表音（音節）文字を万葉仮名と言う。

なお、「万葉」と言うが、『万葉集』に始まったのでもなければ、『万葉集』歌の表記がすべてこれによっているわけでもなく、上代を象徴する呼び名である。『古事記』の固有名詞や歌謡に用いられる万葉仮名は、呉音系の音を反映し、『日本書紀』のそれは主に漢音が用いられる。

▶「万葉仮名」の呼称…真仮名とも。室町時代には「万葉書き」と呼ばれた。「万葉仮名」の呼称は、歌舞伎「名歌《めいかの》徳三《とくみ》舛玉垣《ますのたまがき》」や本居宣長『玉勝間《たまがつま》』に見える。

▶『魏志』倭人伝の借音表記…『魏志』倭人伝の中に、当時の倭国語を仮借によって表記したものがある。

たとえば、「卑弥呼（ヒミコ）」のような人名、「卑狗（ヒコ）」「卑奴母離（ヒナモリ）」といった官名、「邪馬壹（台）国（ヤマタイコク）」「斯馬国（シマコク）」のような地名等が見え、また、対応の声を「噫（アイか）」と言うといったことなども記されている。

▶吏読《りとう》…漢字を用いた古代朝鮮語の表記法。朝鮮半島で三国時代に行われた。新羅を中心とする六世紀後半の金石文に多く実例が残っている。

吏読文は漢字専用文であるが、自立語相当の語は漢語を用い、付属語要素は朝鮮語を交え用いるというものであった。その付属語要素の表記に吏読が用いられ、「…に」を「良中」と表記するようなものがある。

▶万葉仮名の起源…『古事記』『日本書紀』『万葉集』に表れた万葉仮名は相当に整ったものである。

最古の万葉仮名は、「稲荷山《いなりやま》古墳鉄剣銘」（471年、あるいは531年）などの金石文の人名などに見られ（図3-1）、6、7世紀を通じて見られるが、「乎獲居（ヲワケ）」「意富比垝（オホヒコ）」などの人名、「斯鬼（シキ）」の地名といった固有名詞の表記に限られている。徳島市・観音寺遺跡から、「奈尓

図3-1 稲荷山古墳鉄剣銘

［翻字］

辛亥年七月中記乎獲居臣上祖名意富比垝其児多加利足尼其児名弖已加利獲居其児名多加披次獲居其児名多沙鬼獲居其児名半弖比

［読み下し文］

辛亥年七月中記す。ヲワケの臣の上祖《かみつおや》の名オホヒコ、其の児タカリスクネ、其の児の名テヨカリワケ、
其の児の名タカハシワケ、其の児の名タサキワケ、其の児の名ハデヒ、

［翻字］

其児名加差披余其児名乎獲居臣世々為杖刀人首奉事来至今獲加多支鹵大王寺在斯鬼宮時吾左治天下令作此百練利刀記吾奉事根原也

［読み下し文］

其の児の名カサハヤ、其の児の名ヲワケの臣、世々杖刀人の首《をさ》として事《つか》へ奉《まつ》り来たりて今に至る。
ワカタケル大王の寺シキの宮に在りし時、吾天下を左治す。此の百練利刀を作らしめて吾が事へ奉れる根原を記す。

（所蔵：文化庁、写真提供：埼玉県立さきたま史跡の博物館）

波ツ尓作久矢己乃波奈（なにはつにさくやこのはな）」のように、固有名詞以外の和歌と見られる文言を万葉仮名で書いている7世紀後半の木簡が出土しており、8世紀以降になると、「正倉院仮名文書」のような、ほとんど万葉仮名だけで書かれた文献も出現するようになり、漸次日本語の表記に万葉仮名の使用が浸透してゆく様がうかがわれる（図3-2）。

1 万葉仮名の種類

万葉仮名には、借音、借訓および戯訓（書）がある。

▶借音（音仮名）…漢字の音読みを借用した万葉仮名。「和礼（ワレ）」「夜麻登（ヤマト）」「左和良妣（サワラビ）」など。

▶略音仮名…字音の韻尾や二重母音の後部を除いたもの。「安（ア）」「介（カ）」「南（ナ）」など。

▶多音節仮名…二合仮名とも。有韻尾の字に母音を添えたもの。「君（クニ）」「覧（ラム）」「相（サガ）」など。

▶借訓（訓仮名）…漢字の訓読みを借用した万葉仮名。「手（テ）」「鴨（カモ）」「下（オロシ）」など。

▶戯訓（戯書）…借訓の一種で、文字遊戯的な用字法。「十六（シシ）」「八十一（クク）」「山上復有山（＝出、イデ」「馬声蜂音石花蜘蛛荒鹿（イブセクモアルカ）」など。

2 『万葉集』の表記

『万葉集』は全二十巻、四千五百余

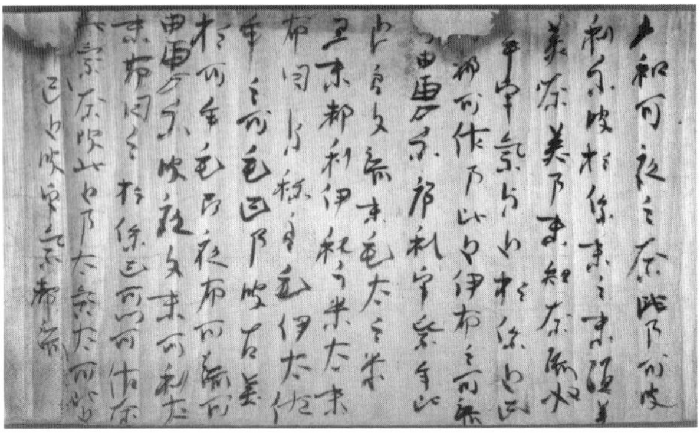

図3-2 正倉院仮名文書（宝物）

（正倉院事務所蔵）

［翻字］

■和可夜之奈比乃可波
利尓波於保末之末須美
美奈美乃末知奈流奴
乎宇気与止於保止己
（可）都可佐乃比止伊布之可流
（可）由恵尓序礼宇気牟比
止良久流末毛太之米
弖末都利伊礼之米太末
布日与祢良毛伊太佐
牟之可毛己乃波古美
於可牟毛阿夜布可流可
由恵尓波夜久末可利太
末布日之於保己可川可佐奈
比気奈波比止乃太気太可比止
□己止波宇気都流

［読み下し文］

我が養ひの代りには、おほましますみ〔み〕南の町なる奴《やつこ》を受けよと大床が司の人言ふ。然るが故に、それ受けむ人ら車持たしめて奉り入れしめ給ふ日《ひ》、米らも出ださむ。然も、この運み置かむも危かるが故に早く罷り給ふ日し、おほこ（大床）が司なびけなば、人の丈高人□事は受けつる。

首におよぶ和歌を収めた歌集で、奈良時代末頃に編纂されたと考えられている。その表記には万葉仮名を用いるが、その表記のあり方は一様でなく、多彩である。

①東　野炎　立所見而　反見為者　月西渡（巻1・48）
（ひむかしの　のらにかぎろひ　たつみえて　かへりみすれば　つきかたぶきぬ）

②児等手乎　巻向山者　常在常　過往人尓　往巻目八方（巻7・1268）
（こらがてを　まきむくやまは　つねにあれど　すぎにしひとに　ゆきまかめやも）

③石激　垂見之上乃　左和良妣乃　毛要出春尓　成来鴨（巻8・1418）
（いはばしる　たるみのうへの　さわらびの　もえいづるはるに　なりにけるかも）（図3-3）

④米豆良之伎　吉美我伎麻佐婆　奈家等伊比之　夜麻保登等藝須　奈尓加伎奈可奴（巻18・4050）
（めづらしき　きみがきまさば　なけといひし　やまほととぎす　なにかきなかぬ）

①は、それぞれの漢字が意味をもって用いられており（正訓）、活用語尾や付属語を表記しない形である（略体とも）。

②は付属語の「乎」「尓」「目八方」が万葉仮名によって記される形である

図3-3『万葉集』の表記

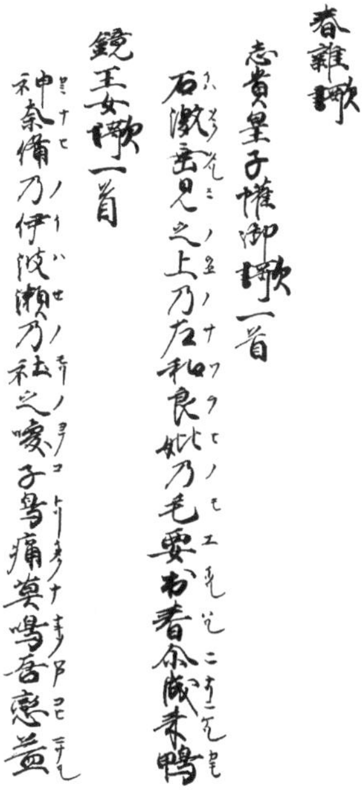

（お茶の水図書館蔵）

［翻字］
春雑歌
志貴皇子懽御歌一首
石激垂見之上乃左和良妣乃毛要出春尓成来鴨
鏡王女歌一首
神奈備乃伊波瀬乃社之喚子鳥痛莫鳴吾恋益

［読み下し文］
春雑歌
志貴皇子の懽びの御歌一首
石《いは》ばしる垂水《たるみ》の上のさ蕨《わらび》の萌え出づる春になりにけるかも
（巻八・一四一八）
鏡王女の歌一首
神名火《かむなび》の伊波瀬の社《もり》の呼子鳥《よぶことり》いたくな鳴きそあが恋まさる
（巻八・一四一九）

(非略体とも)。

③には、自立語の「左和良妣」も万葉仮名で記される形が見え、④はすべての音節が万葉仮名で表記されている。

この④を始発として消息文を経由し、平仮名文が誕生する。

▶上代特殊仮名遣い…奈良時代以前の万葉仮名には、今日同じ音に二種類の使い分けが見られる場合がある。たとえば、「こふ(恋)」のコに「古」「孤」を当てて「己」「許」を用いず、逆に「こころ(心)」のコに「己」「許」を当てて「古」「孤」は用いないというようなものである。このような使い分けは、キケコソトノヒヘミメモヨロ(およびその濁音)の音節に見られ、上代特殊仮名遣いと呼ばれている。「古」「孤」をコの甲類、「己」「許」をコの乙類と言う。これらの使い分けはイ、エ、オ列に見られることから、当時はそれぞれの母音が二種類あったと解釈されている(従って、8母音。ただし現在では6母音説が有力)。なお、モの甲乙の区別は、『古事記』にしか見えない(表3-1)。

この上代特殊仮名遣いは、平安時代になって急速に廃れ、9世紀までにコの区別を除いて消滅する。

表3-1『古事記』の主要万葉仮名(まず音仮名を挙げ、／の後に訓仮名を挙げた)

あ	阿／吾足	ざ	邪奢	ど乙	杼騰縢	み甲	美弥／三御見水
い	伊	し	斯志師紫新芝	な	那／名魚	み乙	微味
う	宇汙／菟鵜	じ	自士／下	に	爾邇／丹	む	牟武无
えe	愛亜／荏	す	須周酒洲州主／酢	ぬ	奴／沼	め甲	売咩
お	意淤隠		簀櫟	ね	泥尼禰／根	め乙	米／目
か	加迦可訶甲	ず	受	の甲	怒努／野	※も甲	毛
	香／髪鹿蚊	せ	勢世／瀬	の乙	能乃	も乙	母／裳
が	賀何我	ぜ	是	は	波／羽葉歯	や	夜／屋八矢
き甲	岐伎吉棄／寸杵	そ甲	蘇宗／十	ば	婆	ゆ	由／湯
ぎ甲	芸	そ乙	曾／衣	ひ甲	比卑／日檜氷	えye	延／兄江枝
き乙	紀貴幾／城木	ぞ乙	叙存	び甲	毗	よ甲	用
ぎ乙	疑	た	多他当／田手	ひ乙	斐肥／火樋	よ乙	余与予／世
く	久玖	ち	知智陳地／道千	び乙	備	ら	羅良
ぐ	具		乳路血茅陸	ふ	布賦／生	り	理
け甲	祁	ぢ	遅治地	ぶ	夫	る	留流琉
げ甲	下牙	つ	都豆通追対／津	へ甲	幣平／部辺重	れ	礼
け乙	気／毛食	づ	豆	べ甲	弁	ろ甲	漏路盧楼
げ乙	宜	て	弖帝／手代	へ乙	閉／戸	ろ乙	呂侶
こ甲	古故高／子児	で	伝殿	べ乙	倍	わ	和丸
ご甲	胡	と甲	刀斗土／戸聡門利	ほ	富菩本番蕃品／	ゐ	韋／井猪居
こ乙	許／木		砥		穂火太	ゑ	恵／坐
ご乙	碁其	ど甲	度	ぼ	煩	を	袁遠／小尾麻男
さ	佐沙左	と乙	登等	ま	麻摩万／真間目		

※「も」の区別は『古事記』のみ

▶日本書紀の万葉仮名…『日本書紀』30巻は、α群（巻14-21、24-27）とβ群（巻1-13、22・23、28・29）に区分され、α群の万葉仮名が漢音（正音）を反映しており、正格漢文で書かれているのに対し、β群には和音が混在し倭習（漢文の誤用、奇用）が多く見られることから、前者は渡来人の執筆、後者は日本人の執筆と推定されている。

▶濁音仮名…万葉仮名のうち、濁音であることを示す仮名。たとえば、「疑」はギ、「鼻」はビと濁ることを表す。平安時代以降の仮名は、このような濁音専用の仮名をもたずに捨象してしまう。ただし、近世国学者の本居宣長は『古事記伝』に万葉仮名の用法を活かし濁音専用字を用いて綴っている。

▶草仮名…万葉仮名を《楽に速く》書くために崩して草体化したもの。これがさらに簡略化されて平仮名となる。平安時代には「さうがな」（『枕草子』）「さうのて」（『源氏物語』）とあって、平仮名や女手とは別種の書体として認められていたようである。

現物としては、「有年申文《ありとしもうしぶみ》」（讃岐国戸籍帳端書、867年）（図3-4）や「多《た》賀《が》城跡漆紙文書《じょうあとうるしがみもんじょ》」（9世紀前半）といった資料が知られている。

▶宣命書《せんみょうがき》…正訓の漢字を本行に大きく書き、万葉仮名を小字（ときに双行）に記す方式。

『続日本紀』の文武天皇元（697）年の即位の宣命が最も古い。写本としては、正倉院文書の中務卿宣命案文（天平勝宝九歳（757年）三月二十五日）などが、奈良時代後半期のもので、当時の宣命書の姿が知られ、藤原宮や平城宮の宮趾出土の木簡にも宣命書で書かれたものが見つかっている。

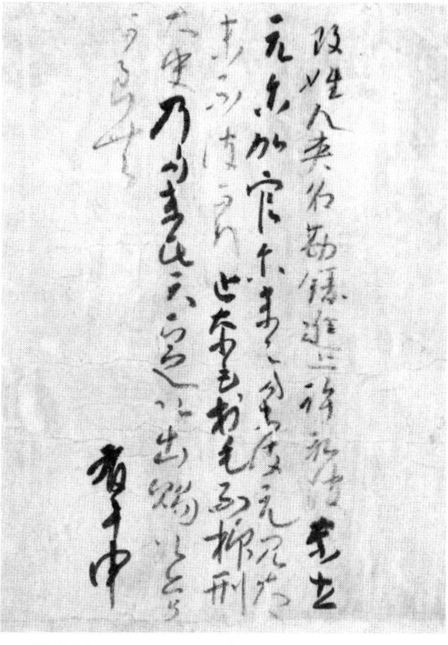

図3-4 国宝「有年申文」

（東京国立博物館蔵）Image:TNM Image Archives Source:http://TnmArchives.jp/

［翻字］

改姓人夾名勘録進上許礼波奈世
无爾加官尓末之多末波无見太
末不波可利止奈毛於毛不抑刑
太史乃多末比天定以出賜以止与
可良無　有年申

［読み下し文］

改姓人夾名勘録進上。これはなせ
むにか官にましたまはむ。見た
まふはかりとなもおもふ。抑刑
太史のたまひて定以出賜。いとよ
からむ。　有年申

第2節　平仮名

▶「平仮名」という呼称…「仮名」「仮字（かな）」、「女手」とも。「か（仮）りな（名）」→「かんな」→「かな」となる。平安時代には、「しん（真）の手」、「そう（草）」、「かたかな（片仮名）」、「あしで（葦手）」などの書体があり、これらと区別して「かな（仮名）」と呼ばれた（『宇津保物語』）。

「真名」（＝漢字）を公式の文字と認めるのに対して、「仮名」は私的、臨時的な文字とする呼称。

「平易で一般的な仮名」の意の「平仮名」の呼称は、室町時代の桃源瑞仙『千字文　序』（15世紀後半）に「倭字有三、曰片仮名者焉、曰平仮名者焉、曰伊路半者焉」と見えるのが最も古く、16世紀末以降のキリシタン文献にも「Firagana」（『日葡辞書』、ロドリゲス

表3-2 平仮名の字体の変遷

［出典］松村明『大辞林　第三版』（三省堂、2006）をもとに作成

『日本小文典』等）と見える。

▶平仮名の生成原理…万葉仮名を楷書様に書くことは労力がかかるので、より《楽に速く》書けるようにと、万葉仮名を崩し（＝草仮名)、さらにこれを簡略な形にして、整えていった。つまり、〈草体化〉の原理を軸として、さらに〈簡略化〉を加えることによって、平仮名がつくられたのである。

1　平仮名の成立

▶作者…弘法大師空海がつくったという説は13世紀末から見え（卜部《うらべ》兼方《かねかた》『続日本紀』)、以後広く行われるが、現存の平仮名文献は、その字体もまちまちであって、一通りでないことなどから、一個人の作ではなく、多くの人の手を経て徐々に整備されていった、社会的産物と考えられている。

▶成立時期…現物の平仮名資料は、9世紀末から見え始め、これを遡るものが見えないことから、おおよそこの時期に平仮名が生まれたと見られる。

2 平仮名の資料とその字体

平安時代の平仮名の現物は、現在20点ほど知られている。前半期の文献は、「千手観音立像臂内刳部所出桧扇橋落書」（教王護国寺）、「東南院文書（因幡国司解案）紙背仮名消息」（平安時代10世紀写）、「奝然《ちょうねん》生誕記」（清涼寺・承平8（938）年写）、「醍醐寺五重塔落書」（天暦5（951）年写）、「虚空《こくう》蔵念誦《ぞうねんじゅ》次第《しだい》紙背《しはい》消息《しょうそこ》」（石山寺・康保3（966）年写）と、「落書」「消息」の語が端的に示すように、私的、一回的な場において使用されたものが多くを占める。これらの文献は、仮名字母もヴァリエーションが限定的で、比較的字画の少ない簡単な万葉仮名が選ばれているが、これは、成立当初、実用的な場で、《楽に速く》書ける手段として創始されたことを物語っている（表3-2）。

後半期になると、書や文芸といった紙面に美を求める芸術の場に使用が及び、元永本『古今和歌集』、関戸家本『三宝絵詞』及び『東大寺切』、天治本『万葉集』、『源氏物語絵巻』（徳川美術館蔵）などの文献が伝わっている。これらの文献では、字母の種類はむしろ増え、また、字画の多い字母も選ばれて、文字列に変化をもたらすような工夫が見られるようになる。

平安時代の仮名文学作品として著名な作品の多くは、その原本が失われて伝わらず、後世転写された文献しか伝わっていない。『竹取物語』は、天正

図3-5『土左日記』（青谿書屋本）

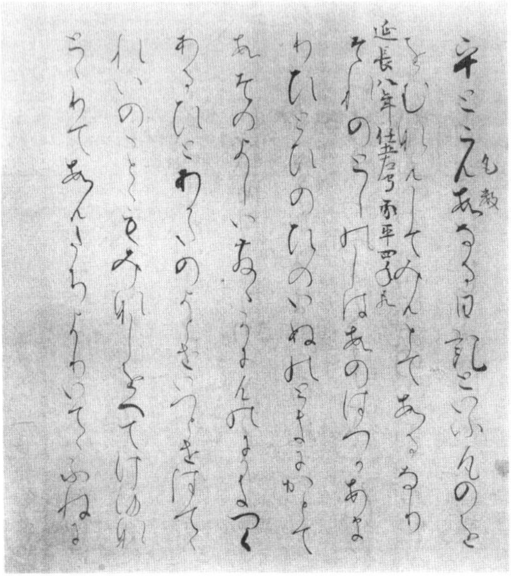

（東海大学付属中央図書館蔵）

［翻字］
をとこも《毛》す《数》なる日記といふものを
をむなもしてみむとてするなり
延長八年任土佐守承平四年歟
それのとしのしはすのはつかあま
りひとひのひのいぬのときにかとて
すそのよしいさゝかにものにかきつく
あるひとあかたのよとせいつとせはて、
れいのことゝもみなしをへてけゆな
とゝりてすむたちよりいてゝふねに

［出典］東海大学蔵桃園文庫影印叢書『土左日記 紫式部日記』（東海大学出版会、1992）より

20（1592）年写（武藤本）、藤原道綱母『かげろふ日記』は、江戸時代初期写（桂宮本）、清少納言『枕草子』は、鎌倉時代写（前田本）がそれぞれ最古の写本であって、作品成立当初の仮名がどのような姿であったかは知ることができない。

その中にあって、紀貫之『土左日記』（承平5（935）年）は、自筆本そのものは室町時代中期以降散逸してしまい所在が不明であるが、その忠実な写しが伝わっており（為家本《ためいえ》、大阪青山歴史文学博物館蔵）、これによって紀貫之の書いた平仮名の字形や仮名文の書式まで復元することができる（図3-5）。

同じ貫之の『古今集』（延喜5（905）年）仮名序は、公式の場に初めて平仮名を用いた文章であり文字史上画期的な転換であったと評価され、さらに、仮名を用いた散文の文学作品『土左日記』を女性仮託の立場で著したことにより、以降の平安女流文学の隆盛をもたらすこととなった。

▶女手…平安時代には、平仮名の筆跡のことを「をんなで（女手）」と呼んだ。そこで、現行の事典類には、しばしば平仮名が女性専用の文字であったかのように説かれることがあるが、それは誤りである。和歌のやりとりなどには当然男性も平仮名を用いたであろう。

宇多天皇自筆と伝えられる『周易《しゅうえき》抄《しょう》』（寛平9（897）年）は、中国古典の『周易』の字句の注釈に平仮名を用いており、平安時代の中頃（10世

図3-6 国宝「秋萩帖」

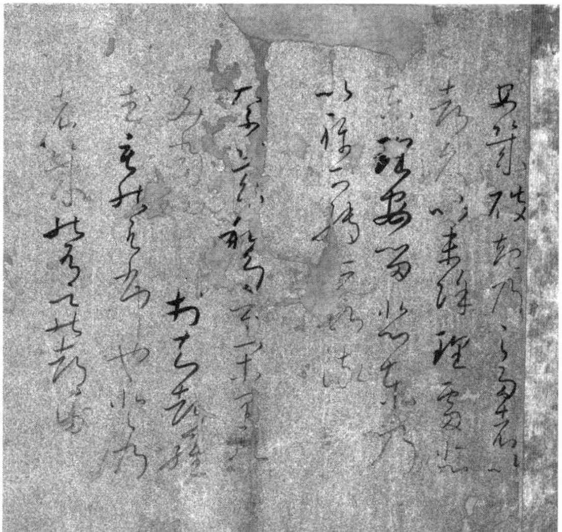

［翻字］

安《あ》幾《き》破《は》起《ぎ》乃《の》之《し》多《た》者《ば》以《い》□（ろ脱カ）
都《づ》久《く》以《い》末《ま》餘《よ》理《り》處《ぞ》悲《ひ》
東《と》理《り》安《あ》留《る》悲《ひ》東《と》乃《の》
以《い》禰《ね》可《が》轉《て》仁《に》數《す》流《る》
奈《な》幾《き》和《わ》多《た》留《る》閑《か》里《り》能《の》□（な脱カ）
美《み》當《だ》也《や》於《お》知《ち》都《つ》羅《ら》
武《む》毛《も》能《の》毛《も》布《ふ》也《や》登《ど》乃《の》
者《は》幾《ぎ》能《の》有《う》部《へ》能《の》都《つ》由《ゆ》

［出典］国宝　秋萩帖
（東京国立博物館蔵）Image:TNM Image Archives Source:http://TnmArchives.jp/

紀前半)『沙弥十戒威儀経』という経典に天台宗延暦寺の僧がその読みを書き入れた(「角筆《かくひつ》」と呼ばれる筆記具で紙面を凹ませて文字を書いた)文献にも平仮名が用いられている。このように、平仮名は、文書に備忘として記されたほか、漢文の訓注にも用いられており、草創期の平仮名の担い手は、むしろ男性であったろうと考えられている。

▶古筆切…桃山時代から江戸時代にかけて、古人の筆跡が鑑賞の対象となった。茶席の床飾りなどにもされ、需要が急速に高まり、元来一つの文献であったものを切り分けた。この断簡が「古筆切」である。『賀歌切《がのうたぎれ》』『高野切《こうやぎれ》』『秋萩帖《あきはぎじょう》』などが著名。この時期、写経や歌集、古文書等から数多くの古筆切がつくられ、これらを収録した「(古筆)手鑑」の製作も流行した(図3-6)。

これらの古筆切は、古筆家《こひつけ》によって筆者が鑑定され、証として「極《きわめ》」という鑑定書を付すのが通例である。

古筆了佐《こひつりょうさ》(1572〜1662)は、古筆家の始祖で、豊臣秀次から賜った(岡本保孝『難波江』)とされる「琴山」の印を極に捺す。

▶字母…仮名の字源となった万葉仮

図3-7 変体仮名のいろいろ

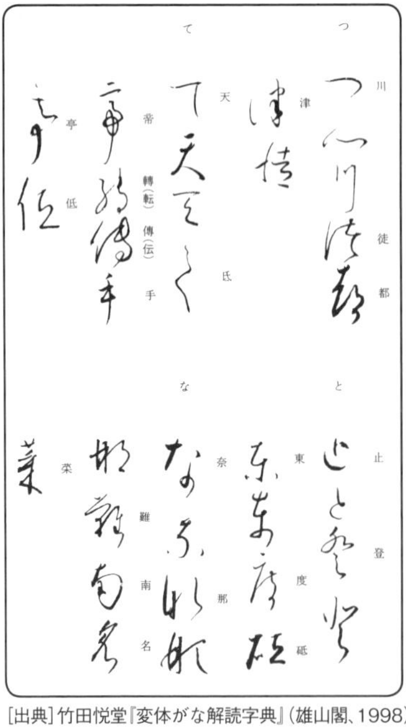

[出典]竹田悦堂『変体がな解読字典』(雄山閣、1998)より

■平安時代の仮名書体のさまざま

初めには、男にてもあらず、女にてもあらず、あめつちぞ。その次に男手、放書に書きて、同じ文字を、さまざまに変へて書きけり。

わがかきて春に伝ふる水茎もすみかはりてや見えむとすらむ

女手にて、

まだ知らぬ紅葉と惑ふうとふうし千鳥の跡もとまらざりけり

さし継ぎに、

飛ぶ鳥に跡ある物と知らすれば雲路は深くふみ通ひけむ

次に片仮名、

いにしへも今行く先も道々に思ふ心あり忘るなよ君

葦手、

底清くすむとも見えで行水の袖にも目にも絶えずもあるかな

※『宇津保物語』国譲上　　ここに見える「男手」「女手」とは、ともに平仮名の書きぶり(書体)を表し、「男手」が連綿を用いない借音仮名様の書体であるのに対して、「女手」は連綿体の仮名書体を指すという。(山田健三「『男手』考」『日本語学最前線』和泉書院、2010)

名。「こ」の字母は「己」、「も」の字母は「毛」などと言う。

▶変体仮名…現在の平仮名は、一音節に対して一字体に限られているが、これは、「小学校令施行規則」の改正に伴い定められたもので、明治33（1900）年以降のことである。今日用いる平仮名の字母以外の字母に基づく仮名を「変体仮名」と言う。平安時代後半の仮名文学作品には多くの変体仮名が用いられているが、中世以降仮名字体の整備が進み、近世には印刷文化の浸透と庶民教育の普及によって、変体仮名の数も減っていった。

かな書道では、現在も美を追究する変体仮名が用いられ、また、看板の文字などにも装飾的効果を狙って用いられることがある（図3-7）。

▶連綿…書道で、行草体や仮名の続け書きの筆法。↔「放《はな》ち書き」

▶いろは歌…江戸時代以前は、アルファベットのような仮名文字の順序は、「いろは歌」によることが一般的であった。

色（いろ）は匂（にほ）へど　散（ち）りぬるを　我（わ）が世（よ）誰（たれ）ぞ　常（つね）ならむ　有為（うゐ）の奥山（おくやま）今日（けふ）

図3-8　大東急記念文庫蔵本『金光明最勝王経音義』（承暦三年写本）の「いろは歌」

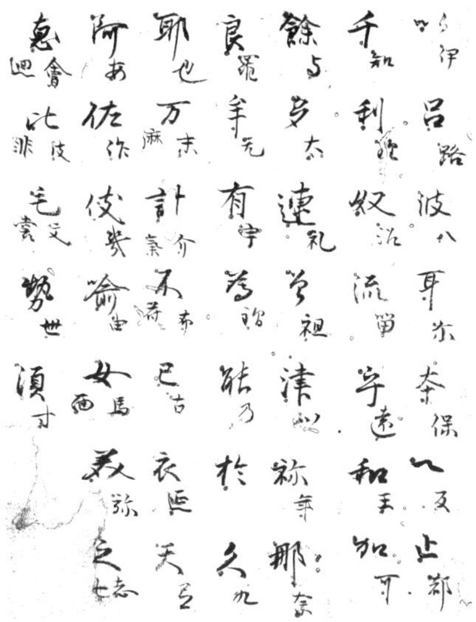

［出典］築島裕『古辞書音義集成第十二巻　金光明最勝王経音義』（汲古書院、1981）より

図3-9　醍醐寺本『孔雀経音義』（平安中期写本）附載の「五十音図」

［出典］築島裕『古辞書音義集成第十一巻　孔雀経音義（下）』（汲古書院、1983）より

越（こ）えて　浅（あさ）き夢（ゆめ）見（み）じ　酔（ゑ）ひもせず

47字の仮名を重出させずにそれぞれを一度だけ用いて、無常を詠じた七五調の誦文である。成立は、11世紀頃の僧侶の手になるものと考えられている。古来、弘法大師空海作とする伝説が流布しているが、従いがたい(図3-8)。

浄瑠璃『仮名手本《かなでほん》忠臣蔵《ちゅうしんぐら》』という作品で知られるように、後世、仮名の手本としても重用されるが、平安時代には幼童の習字には「なにはづ」の歌などが用いられていて、「いろは歌」が元来そういった目的で作成されたわけではないと考えられている。しかし、平安末の『色葉字類抄』のように、辞書の見出し語排列の基準に「いろは」が採用され、以降、近代に「五十音引き」が普及してくるまでは「いろは引き」が一般的であった。なお、先掲の歌の末尾（「酔ひもせず」）の次に「京」を添えたり「一二三四五六七八九十百千万億」を併記するようなものも中世に現れるようになる。

▶「あめつち」…「いろは歌」に先立って手習いの詞として用いられた。「天地（あめつち）星空（ほしそら）山川（やまかは）峰谷（みねたに）雲霧（くもきり）室苔（むろこけ）人犬（ひといぬ）上末（うへすゑ）硫黄（ゆわ）猿（さる）生（お）ふせよ榎（え）の枝（え）を　馴（な）れ居（ゐ）て」。

「いろは歌」よりも1字多い48字。「え」2回、「ゑ」が用いられるので、ア行のエとヤ行のエの区別のあった10世紀中頃までの成立と推定されている。ただし、「おふせよ」以下には別の解釈もある。

▶「大為尓《たゐに》歌」…「あめつち」に続く手習い詞。源為憲『口遊《くちずさみ》』(970年頃撰述）に万葉仮名で伝えられる。これは47字であるが、もとは48字であったとする説もある。「大為尓伊天（たゐにいて）　奈徒武和礼遠曽（なつむわれをそ）　支美女須土（きみめすと）安佐利（於）比由久（あさりおひゆく）

図3-10 悉曇字母表

母音を表す12字の表　　子音を表す35字の表

a	ā	i	ī
u	ū	e	ai
o	au	aṃ	aḥ

ka	kha	cha	ta	tha
na	pa	pha	ma	ya
ra	la	va	sa	ha

也末之呂乃（やましろの） 宇知恵倍留古良（うちゑへるこら） 毛波保世与（もはほせよ） 衣不祢加計奴（えふねかけぬ）」

▶五十音図…日本語の音節を列挙したもので、横に同じ母音をもった音節を並べ、縦に同じ（あるいは類似の）子音をもった音節を置いて組み合わせた図表である。現代では、国語辞典の語の配列や動詞の活用表などに用いられる。その成立は、平安時代の10～11世紀とされるが（図3-9）、不完全なものであり、配列もまちまちであった。

古代インド文字である「シッタン（悉曇）」の字母表（アルファベットのABCの順に相当する）に基づいて整えられ（図3-10）、現在の「あいうえお」「あかさたなはまやらわ」の配列に安定するのは、江戸時代に入ってからである。

第3節 片仮名

▶「片仮名」という呼称…通常「仮名」とだけ言えば「平仮名」をさす。「片」は不完全の意。近世には「大和仮名」「五十音仮名」などとも呼ばれた。「かたかんな」の呼称は『宇津保物語』（国譲・蔵開の巻）が最古で、『堤中納言物語』などにも見える。

▶片仮名の生成原理…万葉仮名を楷書様に書くことは労力がかかるので、より《楽に速く》書けるようにという工夫が試みられた。万葉仮名の字体を崩す方式〈＝草体化〉によって平仮名が

■平安仮名文学作品の文体

『源氏物語』『枕草子』といった平安時代の仮名文学作品は、漢文を読み下した文章と比べてみると、ほぼ同じ意味用法を表すのに異なった語を用いることが知られている。たとえば、次のような語のペアがそれに当たり、それぞれ和文語、漢文訓読語と呼ばれる。また、これらの語を選択して用いている文体を、和文体、漢文訓読（文）体と言う。

和文語	漢文訓読語
す・さす（使役）	シム
やうなり（比況）	ゴトシ
いと（程度大）	ハナハダ
かたみに（互）	タガヒニ
とく（疾）	スミヤカニ
おづ（恐）	オソル
く（来）	キタル
くるしがる（苦）	クルシブ
かしら・みぐし（頭）	カウベ
いさご（砂）	スナ
え…ず（不可能）	…コトアタハズ
な…そ（禁止）	…コトナカレ
形容詞連用形＋て（例；たかくて）	形容詞連用形＋シテ（例；たかくして）

図3-11 片仮名の生成原理

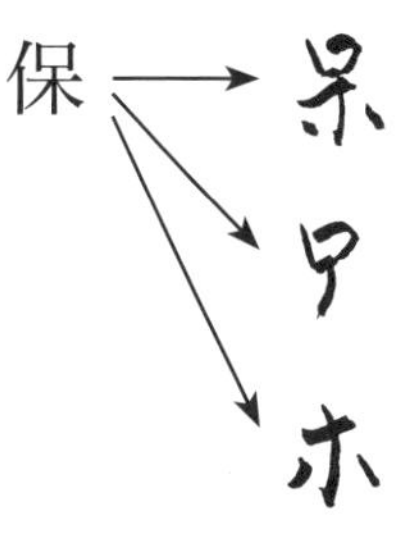

生まれたが、もう一つ、万葉仮名の漢字の全画を用いず、筆画を省いて《楽に速く》書く工夫がなされた。この〈省画化〉の原理によって、できたのが片仮名である。片仮名のことを「略体仮名」と呼ぶこともある（図3-11）。

1　片仮名の成立

▶作者…吉備《きび》真備《のまきび》とする説が『倭片《やまとかた》仮字反切義解《かなはんせつぎげ》』（耕雲《こううん》明魏《みょうぎ》〈1336～1429〉）以降に見えるが、従えない。もし一個人の手によって作られたのであれば、創始の時期より字体が統一されているはずであるが、実際の古文献に使用されている片仮名の字体はそうなってはおらず、多くの人の手によって徐々に整備されていったものであろう。その当初の担い手は、南都の僧侶であると見られ、彼らが経典の漢文を読み解く際に訓点として用いたと考えられている。

▶成立時期…片仮名という文字体系は平安時代初期（9世紀前半）頃に成立したと見られる。現存の文献では、

表3-3　片仮名の字体の変遷

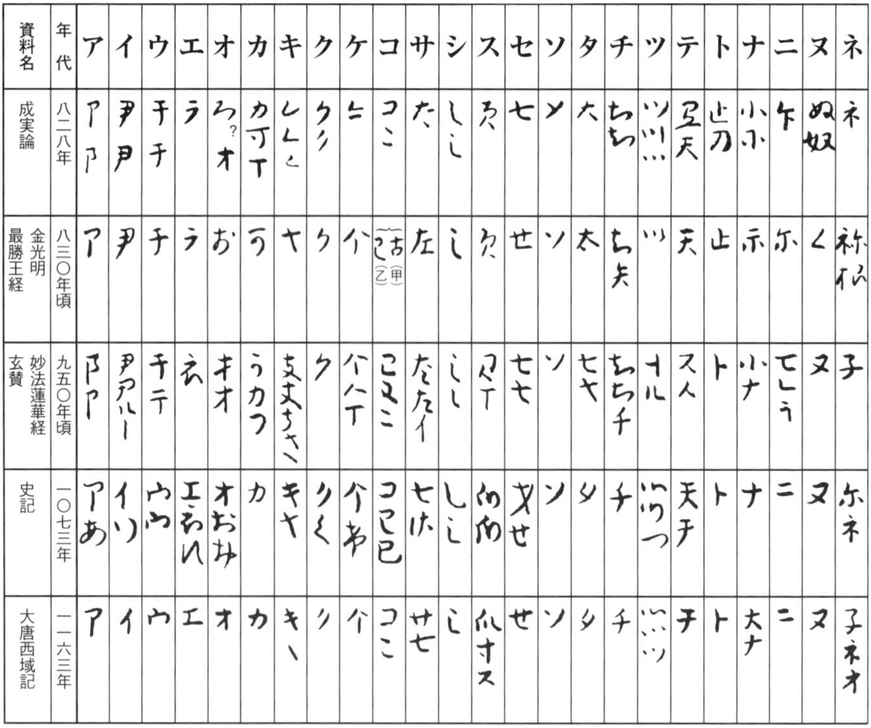

［出典］松村明『大辞林　第三版』（三省堂、2006）をもとに作成

『成実論《じょうじつろん》』という仏典に天長5（828）年に訓点を書き入れたものが最も古い。奈良時代にも、万葉仮名のうち、一音節の文字のなかで、「へ」（「部」の旁）、「尹」（「伊」の旁）、「ム」（「牟」の初め2画）、「タ」（「多」の終り3画）などの筆画を省略した字体が見えるが、仮借の用法に倣い、一回的、臨時的に用いられたものであり、音節文字の体系を備えておらず、未だ片仮名とは言えない。ただし、このような〈省画化〉の慣習が片仮名の発達を促したことは十分に考えられることである。

なお、近年、片仮名のような省画の音節文字はすでに古代朝鮮半島で行われており、これを片仮名の起源とする説が提出されている。古代日本と朝鮮半島との緊密な交渉を考慮すれば可能性は高く、具体的な検証が待たれる。

2 片仮名の資料

万葉仮名を《楽に速く》書く工夫として2通りがあったとして、その双方の原理によってできた平仮名と片仮名

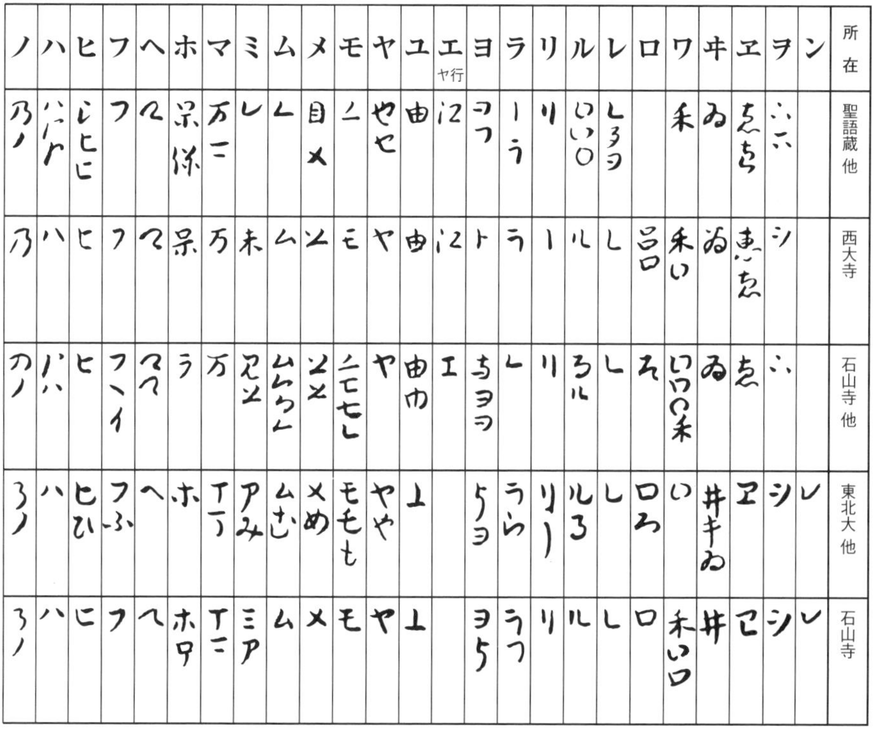

ノ ハ ヒ フ ヘ ホ マ ミ ム メ モ ヤ ユ エ ヤ行 ヨ ラ リ ル レ ロ ワ ヰ ヱ ヲ ン
所在
聖語蔵他
西大寺
石山寺他
東北大他
石山寺

の、二つの文字体系を今日まで廃れさせずに用いてきたのは、どういうわけであろうか。それは、それぞれの文字が用途によって棲み分けをしていたからである。

平仮名は、その流麗な字体から、書や文学の芸術世界に好んで用いられ、美を追求していった。

一方、片仮名は、省画化によって画数が少なくて済み、直線的な字体で書かれたために、小さくても判読しやすく、狭いスペースにも記入することが可能である。このような特性を活かせる場が、漢文訓読の世界であった。

古来、中国古典文である漢文を輸入し、理解することによって、日本人は大陸の文化を摂取してきた。

表3-4 鎌倉時代における片仮名字体の変遷

通常、外国語の理解は、〈翻訳〉という方法を用いるが、漢文読解の際に、当時の日本人は〈訓読〉という手法を用いた。〈訓読〉とは、中国古典文の原文に、日本語に置き換えるための符号（＝訓点）を記入し、これに従って訓み下すことで理解するものであった。原文の漢字列に、語順を置き換える返点を加え、難読の字にルビを振ったり、原文にない助詞や助動詞、送り仮名を補ったりしたが、その漢字列の狭いスペースに組み込む文字として、片仮名はよく適合したのである。

ただし、わが国で漢文訓読が始まった平安時代初期（9世紀）には、まだ真仮名（万葉仮名）や平仮名（草体仮名）も相当用いられており、中期頃（10世紀）に至って、片仮名が主流となってくる（表3-3）。

3 片仮名の字源

片仮名も、万葉仮名を字源として作られたが、その筆画の省略の仕方はさまざまであった。

▶省画化の型…現行の片仮名について、その〈省画化〉の型を見ると、次のように整理ができる。

⑴初画採用

書き始めの筆画を採って、以下を省く型。

①偏を採用するもの

㈷ア（阿）、イ（伊）、ネ（祢）など

②初めの数画を採用するもの

㈣ソ（曽）、テ（天）、ナ（奈）ム（牟）など

⑵終画採用

書き終わりの筆画を採って、それ以前を省く型。

①旁を採用するもの

図3-12「東大寺諷誦文稿」

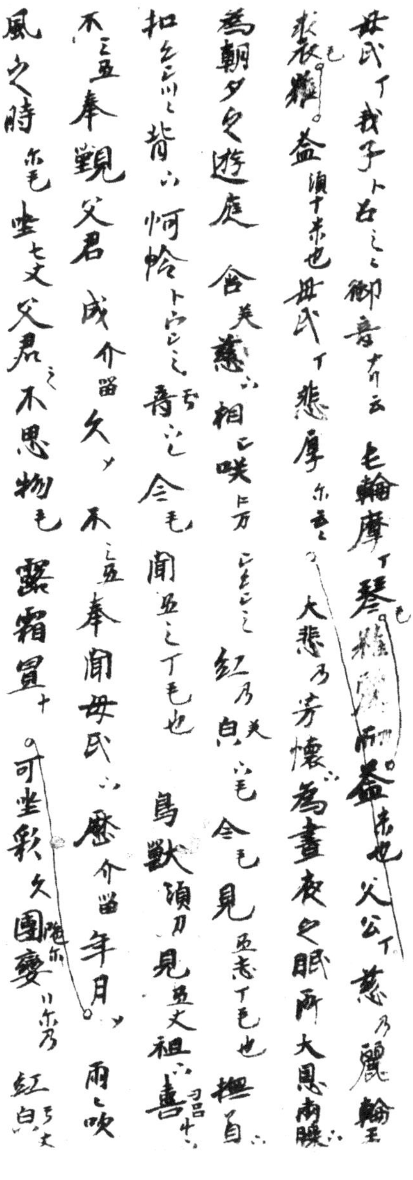

［翻字］

母氏《カ》我子《ト》召《シ》、御音《ナリ云》　乇輪摩《カ》琴《モ》雖麗（擦消カ）而益《メヤ》　父公《カ》慈《ノ》麗　輪王

裘《モ》雖麗（擦消カ）益《スキメヤ》母氏《カ》悲厚《ニ云々》大悲《ノ》芳懷《ヲ》為晝夜之眠所大恩兩膝《ヲ》

為朝夕之遊庭　含《ミ》慈《ヲ》相《ヒ》咲《ヱマヒ幺ヒシ》紅《ノ》皃《ミ》《ヲモ》今《モ》見《テシカモヤ》　撫首《ヲ》

扣《幺ヒツ》、背《ヲ》呵恰《ト宀ヒシ》音《ミ》《ヲモ》今《モ》聞《テシカモヤ》　鳥獣《スラ》見《テハ》祖《ヲ》喜《ヨロ》物《ヲ》

不《シテ》奉觀父君成《ケル》久《ソ》　不《シテ》奉聞母氏《ヲ》歴《ケル》年月《ソ》雨々吹

風之時《ニモ》坐《セハ》父君《シ》不思物《モ》　露霜置《キ》可坐彩《ク》團《陀尓》變《リニノ》紅皃《ミ》《ハ》

［出典］『東大寺諷誦文稿総索引』（汲古書院、2001）による

例エ（江）、ヌ（奴）、リ（利）など
②終わりの数画を採用するもの
例ス（須）、ル（流）など

⑶全画採用

どの筆画も省かない型。

例チ（千）、ハ（八）、ミ（三）など

⑷草（略）体経由

最初に平仮名風に崩したり、略したりした形を経て、簡略化が加えられたもの。

例キ（幾）、セ（世）、へ（部）など

▶片仮名字体の変遷と示差性…片仮名の字体は、当初は、万葉仮名の部分の形をとどめており、「ウ」は「宇」のウ冠の形、「テ」は「天」の最終画の払いを省いた形であった。これが、時代が下るとともに、徐々に変形し、漢字の形から離れていった。同様に、「チ」は「千」の最終筆の書き止め部分が左に曲がり、「ミ」は「三」の三本線が斜めに傾くようになる。これらの変化は、院政期から鎌倉時代にかけて見られるようになり、時代によって微妙に形が異なることから、これを手掛かりにして片仮名が書き込まれた時代の判定を行うこともできる。

漢文に記入する符号として発達した片仮名は、できるだけ原漢文の漢字の形とは別の形になろうとして変形してゆくが、この片仮名字体の変化は、〈示差性〉を発揮した結果と考えられる（表3-4）。

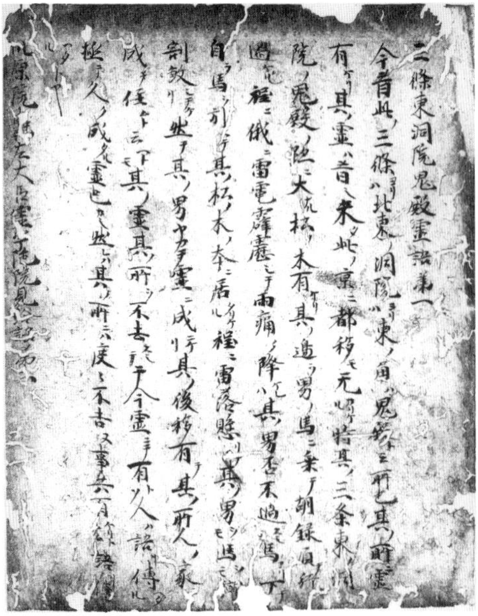

（京都大学付属図書館蔵）

図3-13 鈴鹿本『今昔物語集』

［翻字］三条東洞院鬼殿霊語第一

今昔 此ノ三条ヨリハ北東ノ洞院ヨリハ東ノ角ハ鬼殿ト云所也 其ノ所ニ霊有ケリ 其ノ霊ハ 昔シ未タ此ノ京ニ都移モ无カリケル時 其ノ三条東ノ洞院ノ鬼殿ノ跡ニ大ナル松ノ木有ケリ 其ノ辺ヲ男ノ馬ニ乗テ胡録負テ行キ過ケル程ニ 俄ニ雷電霹靂シテ雨痛ク降ケレバ 其ノ男否不過ズシテ馬ヨリ下テ自ラ馬ヲ引ヘテ其ノ松ノ木ノ本ニ居タリケル程ニ 雷落懸リテ其ノ男ヲモ馬ヲモ蹴割殺シテケリ 然テ其ノ男ヤガテ霊ニ成ニケリ 其ノ後移有テ其ノ所人ノ家ニ成テ住ムト云ヘドモ 其ノ霊其ノ所ヲ不去ズシテ于今霊ニテ有トゾ人ハ語リ伝ヘタル 極テ久ク成タル霊也カシ 然レバ其ノ所ニハ度々不吉ヌ事共有ケリトナム語リ伝ヘタルトヤ

川原院融左大臣霊宇多院見給語第二

▶片仮名字体の体系性…万葉仮名は、同じ音節を表す漢字であればよいので、複数の漢字が字源として用いられた。その中で字体が平易で一音節の漢字が選ばれて片仮名がつくられたが、それでも、個々人や僧侶の属する宗派などによって複数の字体がさまざまに用いられており、一文献内に同じ音節を表すのに複数の字体を用いることもあった。

ただし、同じ形が二つの音節を表すということは無く、平安時代には、「イ」の形をイ（「伊」の偏）の音で用いる資料とサ（「佐」の偏）の音で用いる資料があった場合に、イの音で用いる資料は、サの音は別の字体（「サ」など）が採られ、サの音で用いる資料は、イの音は別の字体（「尹」＝「伊」の旁など）を用いる。それぞれの片仮名字体はこのような〈体系性〉を備えており、トランプのカードのように、ハートのエースが2枚あるといったことやスペードのキングが足りないといったことがないように、過不足なく整えられていった。

平仮名における変体仮名のように、片仮名も現行の字体と異なるものが用いられることがあったが（「異体仮名」と呼ばれる）、1900年の「小学校令施行規則」の改正に伴い、ほぼ現在の形に定まった。

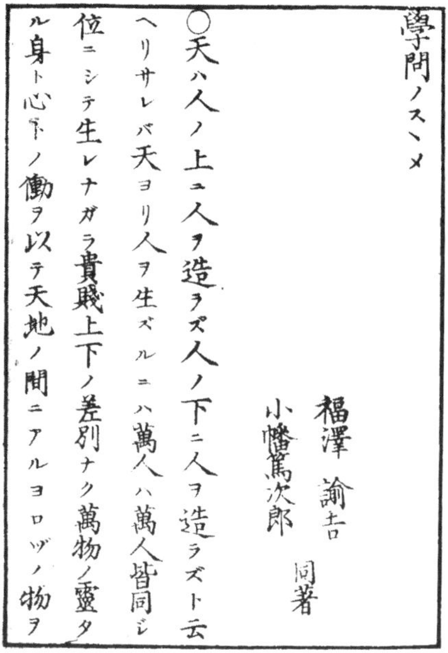
學問ノスヽメ

福澤諭吉
小幡篤次郎　同著

○天ハ人ノ上ニ人ヲ造ラズ人ノ下ニ人ヲ造ラズト云ヘリサレバ天ヨリ人ヲ生ズルニハ萬人ハ萬人皆同ジ位ニシテ生レナガラ貴賤上下ノ差別ナク萬物ノ靈タル身ト心トノ働ヲ以テ天地ノ間ニアルヨロヅノ物ヲ

図3-14『学問ノスヽメ』

4 片仮名の用途

片仮名は、やがて漢文の符号としての従属的な文字から独立し、漢字片仮名交じり文という表記体を生み出した。これは、平安時代初期（9世紀）の『東大寺《とうだいじ》諷誦《ふじゅ》文稿《もんこう》』（戦災で焼失）や『七喩《しちゆ》三平等《さんびょうどう》十《じゅう》无上《むじょう》義《ぎ》』（東大寺図書館蔵）が古く、早い時期から見えるが、盛行したのは、院政期（12世紀）以降である（図3-12, 3-13）。

したがって、12世紀以降は、公式の文書は変体漢文で書かれ、漢字平仮名交じり文と漢字片仮名交じり文とが併存する時期がしばらく続いた。戦前までは法令文をはじめとして多く漢字片仮名交じり文で書かれたのである（図3-14, 3-15）。

現在は、漢字平仮名交じり文を用いることに定まっており、片仮名は外来語や擬音語・擬態語の表記に部分的に用いられているが、このような使われ方の淵源は、江戸時代（18世紀初）の新井白石『西洋紀聞』にあり、これが蘭学者に用いられ、近代以降に大量の外来語が輸入されて広まっていった。このように、江戸時代の片仮名は、学術書や漢学者の随筆に用いられたが、平仮名主流の戯作には感動詞、擬声語、終助詞や長音、促音といった口頭語的な箇所に用いられたりすることもあった。

現在、漢字平仮名交じり文に片仮名を部分的に用いる表記体が標準的な書き方であるが、この片仮名を用いて書く語（いわゆるカタカナ語）は必ずし

図3-15 宮沢賢治自筆「雨ニモマケズ……」

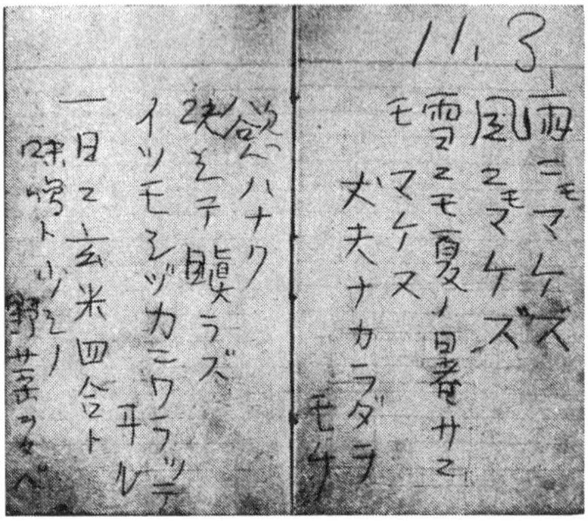

11．3
雨ニモマケズ
風ニモマケズ
雪ニモ夏ノ暑サニ
モマケヌ
丈夫ナカラダヲ
モチ
慾ハナク
決シテ瞋ラズ
イツモシヅカニワラッテ
ヰル
一日ニ玄米四合ト
味噌ト少シノ
野菜ヲタベ

（資料提供、林風舎）

も安定しているとは言えず、しばしば迷うことがある。

現在の片仮名の用途は、おおよそ以下のものがある。

(1)外来語（漢語は除く）…ライオン、マーガリン、スーツ、テレビなど

「国語じてん」のように、漢語は一般に外来語には含められないので、仮名書きする場合は平仮名を用いる。ただし、近代漢語は外来語とみなされるので、「ラーメン（拉麺）」、「ウーロン（烏龍）茶」は片仮名書きが普通である。

(2)擬音語・擬態語…ワンワン、コケコッコー、ニャーなど

(3)自然科学の用語…ヨウ素（沃素）、アザラシ（海豹）、バラ科（薔薇）など

(4)漢文訓読の送り仮名…中学校、高校の国語科の漢文の教科書で、訓読文の送り仮名などには片仮名が用いられる。

(5)画数の多い語…「会ギ（議）」、「ヒンシュク（顰蹙）」、「ビタ（鐚）一文」、「ヒビ（罅）が入る」、「ブランコ（鞦韆）」、「ボロ（襤褸）が出る」など

(6)流行語、俗語…マジ、ヤバイ、メッチャ、チョーなど

若者の頻用する流行語や俗語は、片仮名書きにすることが多い。「やばい」については、「ヤバイ」のほか、「ヤバい」「ヤばい」「やバイ」等の表記もネット上では使用される。

(7)表意性の消去…コツをつかむ（辞書には「骨」）、トランプでババを引く（辞書には「婆」）、ヤケになる（辞書には「焼け」、「自棄」とも）など

国語辞典を引くと、それぞれ漢字表記があがっているが、実際に目にする表記は片仮名が一般的なものである。これは、「コツをつかむ」の意で「骨」を当てると《人骨》の意味が表に出すぎて差し支えが生じるためであろう。派生義で用いる場合に、その漢字本来の表意性が面に出るとそぐわない場合に片仮名が選ばれたものと思われる。広島を「ヒロシマ」と書くのも、地名の意を消去して、被爆地としての新たな意味を込める用法かと見られる。

(8)対話的な宣伝…「ココロとカラダの悩み」、「アナタの疑問に答えます」など

新鮮な宣伝効果を狙って、しばしばこのように片仮名を用いて目立たせていることがあるが、これは消費者と対話するような雰囲気を込めた使い方である。

(9)外国人の話す日本語、ロボットや宇宙人などのことば…「ワタシ、日本人トトモダチニナリタイデス」「地球人ヨ、ヨク聞ケ。ワレワレハ、バルタン星人ダ」など

機械音としてのロボットや宇宙人は、情緒性を伴わないように片仮名で書かれる。

第4章

ローマ字

第1節 明治初年までのローマ字

1 ローマ字とは

ローマ字とは、ラテン語を記すための文字でエトルリア文字やギリシア文字から発達した音素文字である。現在の英語の場合、A～Zのアルファベット26文字となっている。西ヨーロッパやアメリカなどを中心として世界の広い地域で最も多く用いられている。

ローマ字は日本語の表記体系の中では、補助的なものであるが、外国語の原語表記や駅や案内板のローマ字表記、略語などを通して、日常生活でも身近に用いられている文字である。

ローマ字表記は平仮名や片仮名とも異質な文字列となるため、表記上の特殊効果が見込まれ、広告やファッション、商品名などに多く用いられている。

図4-1 キリシタン資料「天草版伊曽保物語」

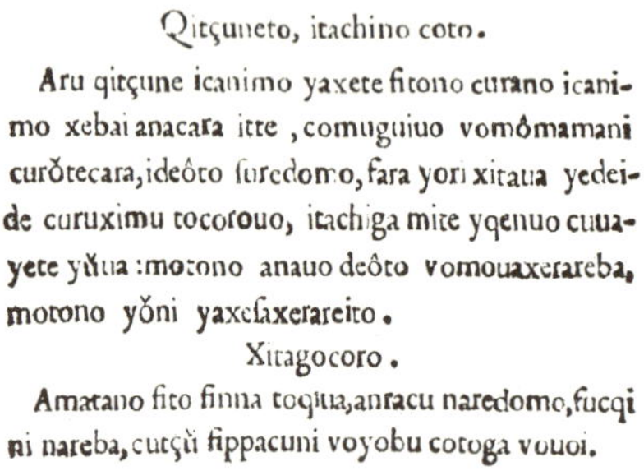
Qitçuneto, itachino coto.

Aru qitçune icanimo yaxete fitono curano icanimo xebai anacara itte, comuguiuo vomômamani curŏtecara, ideôto ſuredomo, fara yori xitaua yedeide curuximu tocorouo, itachiga mite yqenuo cuuayete yǔua : motono anauo deôto vomouaxerareba, motono yǒni yaxeſaxerareito.

Xitagocoro.

Amatano fito finna toqiua, anracu naredomo, fucqi ni nareba, cutçŭ fippacuni voyobu cotoga vouoi.

[原文]

Qitçuneto, itachino coto.

Aru qitçune icanimo yaxete fitono curano icanimo xebai anacara itte, comuguiuo vomômamani curŏtecara, ideôto suredomo, fara yori xitaua yedeide curuximu tocorouo, itachiga mite yqenuo cuuayete yǔua : motono anauo deôto vomouaxerareba, motono yǒni yaxesaxerareito.

Xitagocoro.

Amatano fito finna toqiua, anracu naredomo, fucqi ni nareba, cutçŭ fippacuni voyobu cotoga vouoi.

［出典］『天草版イソポ物語』（勉誠社文庫、1976）より

2 室町時代のローマ字

●ローマ字による日本語表記

日本におけるローマ字使用は、室町時代末、フランシスコ・ザビエルをはじめとしたポルトガル人宣教師が来日したことが契機となる。

宣教師たちが布教をしたり、日本語を学習したりするために残した刊本や写本が現存しており、これらはキリシタン資料（図4-1）と呼ばれている。このように日本人にとってのローマ字はキリスト教を背景にしてはじまった。

●ローマ字綴りの諸相

日本語をローマ字で記す作業は、宣教師の使用言語の綴り方によったので、個人や学派によって、綴り方にはいくらかの幅があったことが知られている。

●日本人によるローマ字使用

キリスト教を信仰した有力者などには、自分の名前をローマ字の印章として残しているものもある（図4-2）。

●音韻・音声推定の手がかり

ローマ字は音素文字であるため、音節文字である平仮名や片仮名よりもその表記は分析的である。このため、その綴り方には、当時の日本語の音声・音韻が詳細に反映されている可能性があり、この点で日本語の歴史的な研究に役立っている。たとえばオ段長音の

[参考]

キツネとイタチのこと
あるキツネいかにも痩せて、人の倉のいかにも狭い穴から入って、小麦を思うままにくらうてから、出でうとすれども、腹より下は、え出いで苦しむところを、イタチが見て、異見を加えて言うは：元の穴を出うと思わせられば、元の様に痩せさせられいと。
下心
あまたの人、貧なときは、安楽なれども、富貴になれば、苦痛逼迫に及ぶことが多い。

※読み易さを考慮し、表記を改めた

図4-2 ローマ字の印章

当時の大名の中には、ローマ字で名前や洗礼名などを入れた印章をつくった者もいた。
(左)「tada　uoqui」細川忠興の名前より
(中)「FRCO」大友宗麟（義鎮）の洗礼名Franciscoより
(右)「simeon josui」黒田孝高の洗礼名のドン・シメオンと号の如水より

[出典]『国史大辞典　14巻』(吉川弘文館、1993) より

「ŏ」「ô」や、四つ仮名（ジヂズヅ）「ji」「gi」「zu」「zzu」、ハ行の子音「f」、セの子音「x」、エ「ye」、オ「wo」の表記などには当時の日本語の音声・音韻の特徴が反映されているという研究がある。

3 江戸時代のローマ字

江戸時代に入ると、鎖国政策がとられ、ローマ字に関する記録はごく限られたものが知られているにすぎない。しかし、少数ながらも貴重な資料が残されている。

●在日外国人の記録から

1715（正徳5）年、幕府の役人であった新井白石が著した『西洋紀聞』には、密入国のために囚われの身であったイタリア人宣教師ジュアン・シドッチを訊問した記録が記されている。ここにはローマ字について「其字母、僅に二十余字、一切の音を貫けり。文省き、義広くして、其妙天下に遺音なし」（中巻）としてローマ字の利点を述べる記述がある。

また、鎖国以前の長崎県平戸のイギリス商館や、鎖国中、唯一の西洋の窓口であった長崎県出島のオランダ商館の関係者の記述などにも、日本語の地名や人名などをローマ字で記した例が見られる。使用言語の違いによって表記が異なり、同一著作内での綴りのゆれも見られる。

■「日葡辞書」の短音節

ア	a	イ	I, i, j, y	ウ	V, v, u	エ	ye	オ	Vo, vo, uo
カ	か ca くわ qua	キ	qi, qui	ク	cu, qu	ケ	qe, que	コ	co
ガ	が ga ぐわ gua	ギ	gui	グ	gu, gv	ゲ	gue	ゴ	go
サ	sa	シ	xi	ス	su	セ	xe	ソ	so
ザ	za	ジ	じ Ii, ji ぢ gi	ズ	ず zu づ zzu	ゼ	Ie, je	ゾ	zo
タ	ta	チ	chi	ツ	tçu	テ	te	ト	to
ダ	da					デ	de	ド	do
ナ	na	ニ	ni	ヌ	nu	ネ	ne	ノ	no
ハ	fa	ヒ	fi	フ	fu	ヘ	fe	ホ	fo
バ	ba	ビ	bi	ブ	bu	ベ	be	ボ	bo
パ	pa	ピ	pi	プ	pu	ペ	pe	ポ	po
マ	ma	ミ	mi	ム	mu	メ	me	モ	mo
ヤ	ya			ユ	yu			ヨ	yo
ラ	ra	リ	ri	ル	ru	レ	re	ロ	ro
ワ	Va, va, ua								

［出典］土井忠生ほか編『邦訳日葡辞書』（岩波書店、1980）をもとに作成

4 幕末以降のローマ字

幕末になると、オランダ以外にもアメリカ・フランス・ドイツなどとも直接交流するようになり、日本人が蘭学や洋学を通してローマ字で外国語を学習する一方、外国人は各々の使用言語に近い方式で当時の日本語を綴った。

▶オランダ語式…ウ段を「oe」で表記するため、ク「kfoe」、フ「foe」とする資料がある。

▶フランス語式…カ・サ・タ行の子音やウ段の表記に特徴があり、カ「ca」、ク「cou」、コ「co」、セ「che」、ツ「cco」とする資料がある。

▶英語式…初期のものは母音表記やサ・タ行でゆれがみられ、スを「sz」、ツを「tsz」、エを「ye」とする資料、リを「li」とする資料もある。また、「what」の訳として「nanny：なに」と綴るなど、音節との対応より、語としての綴り字を重視した例も見られる。

外国人の日本語研究者たちはこれらの綴り方について試行錯誤し、やがて、子音を英語式、母音をイタリア語式として組み合わせた方式が主流になっていく。

5 一般社会への広がり

明治に入り、外国との交流が公に認められると、西洋文化の流入によって、英学ブームが起き、一般の人々にも横文字（蟹文字とも）として、ローマ字が知られるようになる。それに伴い、

■江戸時代のローマ字綴り

- ケンペル『江戸参府紀行』仏訳本（1691年頃）
  四谷：Jootsuja
  神奈川：Canagawa
  元箱根：Motto Fackoni

［出典］呉秀三訳註『ケンプェル江戸参府紀行』（雄松堂書店、1966）より

- ツンベルグ『日本紀行』（1776年頃）
  箱根山草：Fakono-lamma-Kousa
  通辞：tosui, tsosui, tchousi
  祭：Matsouri ほか

［出典］山田珠樹訳註『ツンベルグ日本紀行』（雄松堂書店、1966）より

■幕末以降のローマ字綴り

- メルメ・ド・カション『仏英和辞典』（1866）
  Abaisser,v.a.
  英訳：To lower; to bring low.
  和訳：下ル。置ク。
  Sagherou; ocou.
  （サゲル、オク）
  Abandonner(s'), v.n.
  英訳：To surrender one's self.
  和訳：自身ヲ任セル。
  Dgichin-o macacherou.
  （ジシンヲマカセル）
  Parler avec abandon.
  英訳：To speak with confidence.
  和訳：明テ言フ。
  Outki-akete ioú.
  （ウチアケテイウ、又は、ウチアケテユー）

［出典］『仏英和辞典』（カルチャー出版社、1977）より

- ホモコ『ヨコハマ・ダイアレクト』(1879、再版)
  Good morning　Ohio（オハヨウ）
  Really　Hontoe（ホント）
  A man　Sto（シト→ヒト）
  A woman　Moose me（ムスメ）
  Water　Meeds（ミズ）
  What　Nanny（ナニ）
  How much?　Ikoorah?（イクラ？）
  All right　Your a shee（ヨロシイ）

［出典］カイザー・シュテファン編 *The Western Rediscovery of the Japanese Language.*（カーゾン出版、1995）より

ごく簡単にアルファベットを紹介するための絵入りの刷り物やスペリングブックといった綴り字書なども出版されるようになる（図4-3）。

第2節 ローマ字の綴り方

1 明治以降のローマ字

前述したように、明治初期までは、来日した外国人が日本語を記すために、それぞれの使用言語の方式で日本語を記したり、日本人が外国語を学習するためにアルファベットを学んだりということでローマ字表記が行われていた。これに対して明治以降は、ローマ字の普及に伴って、ローマ字を日本語表記の中にどのように位置付けるのか、という論点からローマ字についての議論が行われる。

2 ローマ字を国字に

明治初年、南部義籌「修国語論」（1869）や西周「洋字ヲ以テ国語ヲ書スルノ論」（1874）などをはじめとして、国字をローマ字にする論が唱えられた。この後、ローマ字表記の実用化に向けて、多方面からの議論が行われることとなる。ローマ字論者たちは、方式に対する意見の対立はあるものの、少ない文字数で日本語表記が可能

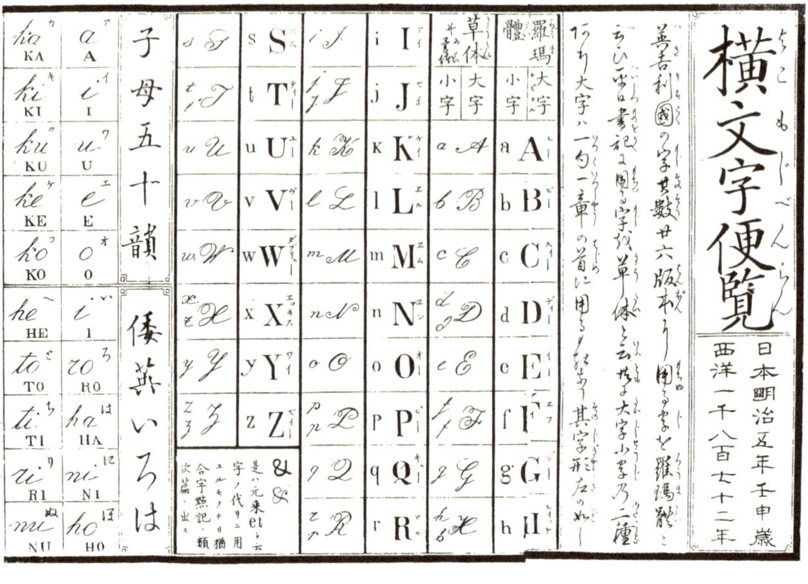

図4-3 明治初期のローマ字学習書

［出典］惣郷正明『図説日本の洋学』（築地書館、1970）より

になるということや、欧米圏で使用されている文字との互換性があることなどに対しては、同じ問題意識を共有している。

3 ヘボン式

まず、1885（明18）年、羅馬字会《ろーまじかい》（外山正一ら）が発足し、「羅馬字にて日本語の書き方」で発表された綴り方をヘボン『和英語林集成』第三版（1886）が採用した。これがヘボン式（1908年一部改正後、標準式とも）である。

●ヘボン式の特徴

▶サ行、ザ行、タ行、ダ行、ハ行…同じ行であっても、子音表記が異なる場合がある。たとえば、サ・ス・セ・ソは「sa､su､se､so」と子音部分が「s」になるが、シは「shi」となり、「sh」が対応する。チ「chi」、ツ「tsu」、ジ・ヂ「ji」ヅ「zu」、フ「fu」なども同様に、同じ行の表記から見ると変則的な表記となる。

▶撥音…直前の音によって、ンに「n」と「m」がある。たとえば「新聞（シンブン）」は「shimbun」と綴られ、一語の中でも「ン」に二通りの表記が見られる。

▶拗音…キャ「kya」、ミャ「mya」のほか、シャ「sha」チャ「cha」、ジャ「ja」となり、変則的な対応となる。

●ヘボン式の利点

上述のように、ヘボン式は音韻体系

■「羅馬字にて日本語の書き方」（抜粋）

第一条　羅馬字は二十六字にて其名は次の如し

ア	ベ	チ	デ	エ	フ	ゲ	ハ	イ	ジ	カ		マ	ナ	オ	ペ	ク	ラ	サ	タ	ウ		ワ		ヤ	ゼ
a	be	chi	de	e	fu	ge	ha	i	ji	ka	el	ma	na	o	pe	ku	ra	sa	ta	u	vu	wa	eks	ya	ze
A	B	C	D	E	F	G	H	I	J	K	L	M	N	O	P	Q	R	S	T	U	V	W	X	Y	Z

上の二十六字の中ＬＱＶＸは日本語を書くに用ひず

第二条　ＡＩＵＥＯの五つの母字は仮名文字の音を表はすこと次の如し

A　ア　　　例へば ami網《アミ》 an安《アン》
I　イ　ヰ　例へば iro色《イロ》 iru居《ヰル》　itsu壱《イツ》 又「ヒ」を「イ」と読むとき 例へば koi恋《コヒ》
U　ウ　　　例へば uru売《ウル》 又「フ」を「ウ」と読むとき 例へば kau買《カフ》
E　エ、ヱ　例へば ebi蝦《エビ》 en園《ヱン》 又「ヘ」を「エ」と読むとき 例へば mae前《マヘ》
O　オ、ヲ　例へば oto音《オト》 oku屋《ヲク》 又「ホ」を「オ」と読むとき 例へば kao顔《カホ》

但しテニヲハの「ヘ」及び「ヲ」はye及びwoと書くべし又上の五つの母字はカキクケコ、サシスセソ等の仮名文字の母音を表はすに用ふ（以下略）

［出典］吉田澄夫・井之口有一『明治以降国字問題諸案集成』（風間書房、1962）より

に配慮しつつも、音声学的な表音表記に重点をおいたものである。日本語を十分に知らない英語圏の外国人にとっても、日本語の発音を再現しやすいものとなっている。

4 日本式

これに対して、田中館愛橘《たなかだてあいきつ》は1885年「本会雑誌ヲ羅馬字ニテ発兌スルノ発議及ビ羅馬字用法意見」を『理学協会雑誌』に発表し、五十音図を重視した日本式の綴り方を提唱する。

●日本式の特徴

日本式の綴り方には同じ行の子音は同じローマ字を規則的に当てるという特徴がある。

この方式では上述のサシスセソの表記は「sa、si、su、se、so」となり、サ行の子音は「s」で一致する。

またチ、ツは「ti、tu」にジ「zi」ヂ「di」ズ「zu」ヅ「du」、ンは「n」のみで、「新聞（シンブン）」は「sinbun」となる。

拗音は「y」を介する方式でジャは「zya」となる。

●日本式の利点

日本式は、特別の知識がなくても、五十音図を知っていて、母音と子音に当たるローマ字を覚えれば、表記が類推可能で日本人にとっては表記しやすいという利点がある。

■ローマ字の方式；ヘボン式・日本式・訓令式

ヘボン式と日本式の違いは、主としてサ行とタ行、ザ行とダ行に見られる。

サ行	ヘボン式：	sa	**shi**	su	se	so	**sha**	**shu**	**sho**
	日本式：	sa	**si**	su	se	so	**sya**	**syu**	**syo**
タ行	ヘボン式：	ta	**chi**	**tsu**	te	to	**cha**	**chu**	**cho**
	日本式：	ta	**ti**	**tu**	te	to	**tya**	**tyu**	**tyo**
ザ行	ヘボン式：	za	**ji**	zu	ze	zo	**ja**	**ju**	**jo**
	日本式：	za	**zi**	zu	ze	zo	**zya**	**zyu**	**zyo**
ダ行	ヘボン式：	da	**ji**	**zu**	de	do	**ja**	**ju**	**jo**
	日本式：	da	**di**	**du**	de	do	**dya**	**dyu**	**dyo**

訓令式は、日本式をさらに整理し、ザ行とダ行の間のジとヂ、ズとヅの区別（いわゆる四つ仮名）をなくし、ワ行はwaを除いて、ア行に統合している。

ザ行	日本式：	za	zi	zu	ze	zo	zya	zyu	zyo
	訓令式：	za	zi	zu	ze	zo	zya	zyu	zyo
ダ行	日本式：	da	di	du	de	do	dya	dyu	dyo
	訓令式：	da	**(zi)**	**(zu)**	de	do	**(zya)**	**(zyu)**	**(zyo)**
ワ行	日本式：	wa	wi	u	we	wo			
	訓令式：	wa	**i**	**u**	**e**	**o**			

［出典］佐竹秀雄「現代日本語の文字と書記法」（『朝倉日本語講座2　文字・書記』朝倉書店、2005）をもとに作成

5 両者の対立と並立

この二つの表記は並び行われ、ヘボン式のローマ字ひろめ会の機関誌『RÔMAJI』と日本式の日本のローマ字社『RÔMAZI SEKAI』との対立となって続いていく。

▶文学者による使用…文学にもローマ字表記を実践した例が見られる。その方式は人により、時期によりさまざまなものが見られる（図4-4）。

▶訓令式…官庁の中でも、外務省・鉄道省ではヘボン式、中央気象庁・陸海軍では日本式と統一が見られず、教育上・学術上・国際関係上の理由により、1930年、政府は臨時ローマ字調査会を設置し、その後、1937年日本式を「国語ノローマ字綴方ニ関スル件」（内閣訓令）として発表した。これを訓令式と言う。訓令式は、基本的には子音と母音を規則的に組み合わせるというもので、日本式とほぼ同じ方式（日本式のうち歴史的仮名遣いに関連する音節表記を省いたもの）である。その後、外国人

図4-4「ローマ字日記」

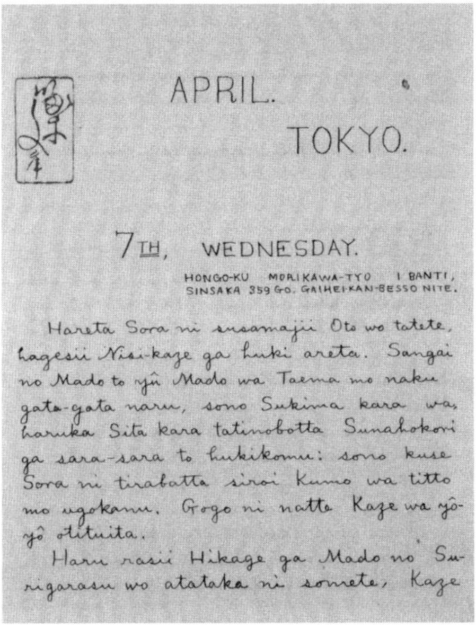
APRIL.
TOKYO.

7TH, WEDNESDAY.

HONGO-KU MORIKAWA-TYO I BANTI,
SINSAKA 359 GO. GAIHEI-KAN-BESSO NITE.

Hareta Sora ni susamajii Oto wo tatete, hagesii Nisi-kaze ga huki areta. Sangai no Mado to yû Mado wa Taema mo naku gata-gata naru, sono Sukima kara wa, haruka Sita kara tatinobotta Sunahokori ga sara-sara to hukikomu: sono kuse Sora ni tirabatta siroi Kumo wa titto mo ugokanu. Gogo ni natte Kaze wa yô-yô otituita.

Haru rasii Hikage ga Mado no Su-rigarasu wo atataka ni somete, Kaze

（函館市中央図書館啄木文庫蔵）

※本文2行目ニシカゼに「si」、5行目タチノボッタに「ti」、フキコムに「hu」の綴りなどが見られ、この箇所は日本式を用いて記されている。

［翻字］
（本文）ハレタ　ソラ　ニ　スサマジイ　オトヲ　タテテ，ハゲシイ　ニシカゼ　ガ　フキ　アレタ．サンガイ　ノ　マド　ト　ユー　マド　ワ　タエマ　モ　ナク　ガター ガタ　ナル，（以下略）

■文学作品におけるローマ字

Ishidatami, koborete utsuru Mizakua wo,
Hirou ga gotoshi !—
Omoiizuru wa.

*

Kimi omou kokoro ni niru ka, —
Haru no hi no
Tasogaregata no honokeki akarusa !

*

Musashino wa Kataoka-tsuzuki,
Namisugi no hazue akarami,
Haru to narikeri.

※ヘボン式ローマ字を用いて記されている。

［出典］土岐哀果（善麿）『Nakiwarai』1908ローマ字ひろめ会版（『特選　名著複刻全集　近代文学館』ほるぷ、1979）をもとに作成

の支持者なども多かったヘボン式に比して、日本独自の方式を主張する声が優勢になり、第二次世界大戦を機に訓令式（日本式）称揚の動きも見られた。
▶GHQによるローマ字使用勧告…第二次世界大戦後はGHQによって市町村の名称の表記にヘボン式を用いる指令が出され、アメリカ教育使節団によってローマ字使用の勧告が出された。1948年から1951年にかけて、ローマ字による教育効果をはかる教育実験も行われたことが知られているが、結果としてはローマ字が漢字・仮名表記に代わることはなかった。
▶新訓令式…その後、1954年12月、国語審議会内ローマ字調査分科審議会は「ローマ字の綴り方」（内閣訓令）を公にした。第一表は訓令式、第二表はヘボン式と日本式が示される。基本的には第一表を基準とし、第二表によってもよいとする。実質的には訓令式、ヘボン式、日本式をほぼ全て容認したものとなっている。

6 現行のローマ字の綴り方

「ローマ字の綴り方」は上述のように強制力の弱いものであったため、現行の表記としては、訓令式は主に学校教育で使用され、ヘボン式は駅名表示やパスポートの表記などで使用されるというように、複数の表記が併存する状況となっている。
▶駅名表示…「鉄道掲示規程」（1947）により、「改修ヘボン式によること」

■日本式ローマ字を称揚
「報知新聞」1939（昭和14）年6月30日記事より

文部省制定の日本式ローマ字が漸く世に知られて来たことは真に喜ばしい、しかしまだ各種の団体、和英辞典、旅行協会、新聞社その他研究社をはじめ各出版業者等には依然ヘボン式を固守しその勢力甚大なるは遺憾に耐えない、恐らくこれ等中心機関から陋襲を打破せぬ限り日本式の完全な普及は覚束ないであろう。
日本式を称揚するに当りその一大優秀点を挙げるなら、その習得容易なるは勿論、その何国語型にも偏せず日本語の特性に最も適合せる点である、具体的一例を示せばヘボン式にては『チャ』という音はCHAと綴る、これに比し日本式はTYAである、TYAという綴りは欧洲語の心得ある何国人が読んでも日本人には『チャ』と聞える、しかるにCHAは英国人はそれでよいが、ドイツ人は『ハ』と読み、フランス人は『シャ』と読みイタリア人は『カ』と読むに違いない。
そこでいちいち各国語型に書直すような必要も起る、この一事でもヘボン式の偏狭なことがわかる、（中略）日本語の世界進出に先だちローマ字の統制も一考の要ありと思う。
【大森、神経質生】

■パスポート表記の問題
・一つの姓に複数の綴り
例：大橋（オオハシ）
Ohashi（オハシ／オーアシとも）
Ohhashi（オッハシとも）

・一つの名に複数の読み方
例：Shinichi
（シンイチ／シニチとも）
例：Shinya
（シンヤ／シニャとも）

となっており、これにより長音符号を用い、撥音NはBPMの前でMを用いることなどの規則が定められている。各鉄道会社も内規でこの規則に準じているが、例外もかなり多く見られる。

▶パスポート…パスポートの記載に必要なヘボン式表記は長音記号やアポストロフィーを省略するため「大野」と「小野」の区別ができないなどの不便がある（現在では別途申請をすれば「oh」でオの長音を表す長音表記も認められている）。

このほか、母音やヤ行音が撥音のあとにくる場合、複数の綴りや読み方が併存しうるなどの問題も存在する。

▶額面表記…ヘボン式でも訓令式でもないローマ字の綴り方としては、お金の単位のYENがある。1871年の「新貨条例」によって「YEN」が定められ、翌年発行された「明治通宝札」にお金としての「YEN」が記入されたことによって固定した。

一方、郵便切手でも「YEN」とされることがあったが、1937年の訓令式の制定をうけ「EN」とされた時期があった（図4-5）。

▶近年の傾向…横書きの書類が増え、ローマ字表記が併用しやすくなってきていることがあげられる。また、パソコンなどのキーボード入力で、覚えるキーが少ないローマ字入力を利用する人も多い。表記としては顕在化しないが、ローマ字が生活に与える影響は小さくない。

図4-5　額面表記

・貨幣

1872（明5）年発行「明治通宝札（百円札）」裏部分

1885（明18）年発行1円銀貨表

・切手

1946（昭21）年発行1円切手

（日本銀行金融研究所貨幣博物館蔵）

第5章

補助符号

第1節 訓点の方法

1 訓点と訓点資料

▶漢文訓読…一般に外国語を自国語に置き換えて理解するには、翻訳という方法を採るが、漢文（中国古典文）の場合には、原漢文に自国語の要素を書き加えてそのまま理解する方法が生み出された。これが、漢文訓読である。漢文訓読は、日本だけでなく、朝鮮半島でも行われた。

▶訓点…漢文を日本語として読み下すために施された諸符号の総称。句読点、返り点、漢字や仮名による字音、字義、和訓などのルビ、ヲコト点、声点《しょうてん》、合符《ごうふ》、朱引《しゅびき》などがある。朝鮮半島でも漢文訓読が行われたが、この諸符号は口訣《くけつ》と呼ばれる。

その起源は、中国の破点であると説かれ、その手法が我が国に伝えられたものとされる。

訓点は、漢文本文に小さく書き込まれるが、墨点以外に、朱点、白点、その他の色の点があり、さらに、紙面を尖った先で凹ませることで記入する角筆《かくひつ》を用いた訓点もある。

▶訓点資料…漢文に訓点が書き込まれた古文献を対象として、語学的立場から研究する際の資料として、このように呼ぶ（図5-1）。朝鮮半島の文献の場合は「口訣資料」と呼ぶ。日本の訓点資料は、奈良時代末から江戸時代までの広い時代に亘って現存している。その最も古い文献は、延暦2（783）年加点の『華厳刊定記《けごんかんじょうき》』巻5（大東急記念文庫蔵）の朱点とされるが、奈良時代（天平17（745）年）の『李善注文選抜書《りぜんちゅうもんぜんぬきがき》』の句点がやや溯るらしい。訓点として仮名が使用された文献としては、延暦・大同年間に加点された『一切有部毘奈耶《いっさいうぶびなや》』（聖語蔵）などの白点が最古のようであり、万葉仮名の字体で記される。ヲコト点を用いた文献で、年代の判る最古の書物は、『成実論』天長5（828）年白点（聖語蔵、東大寺蔵）である。

2 訓点の歴史

▶返り点…中国語（漢文）を日本語として訓読するために、言語として異なる部分を変換する符号として訓点が編

図5-1 訓点資料 正宗敦夫文庫本『長恨歌』(正安2年写)

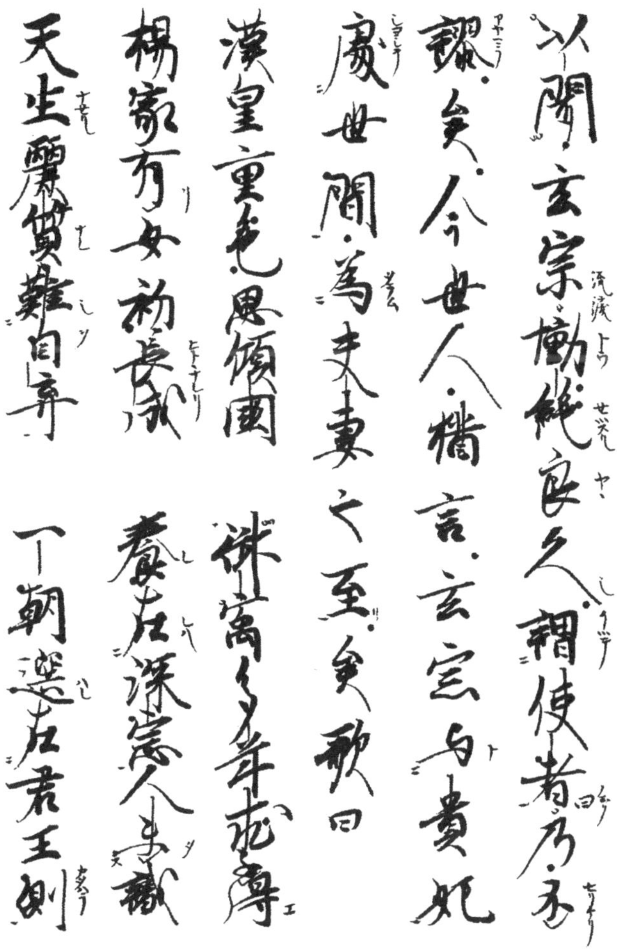

(ノートルダム清心女子大学付属図書館正宗敦夫文庫蔵)

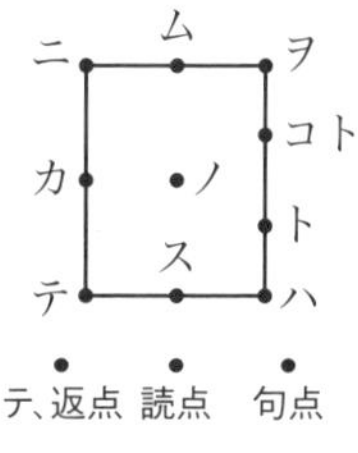

[読み下し文]

玄宗に以(上)-聞(平濁)す。涙(を)流(して)慟《トウ》-*絶《セツ》スルこと良久《ヤ、》シ。使-者に謂《イ》ツテ曰《ノタマ》ハク、乃(ち)、謬《アヤマ》ラ不《ザ》リケリ[矣]。今の世の人、猶言(はく)、玄宗、貴妃与《ト》世間に處《シヨ》シテ、夫-妻(の)[之]至リ為《タ》ラム[矣]。歌(ひて)曰(はく)、

*ヲコト点「を」あり、不審。

漢皇色を重(んじ)て思(ふ)傾-国を。御(去濁)-宇(上)多-年求(むれ)と(も)得不《エ(ず)》。楊家に女有リ初(め)て長《ヒト、ナ》-成レリ。養(は)レて深-窓に在レバ人未ダ識(ら)ズ。天の生セル麗《ナ》-*質ナレ(ば)自《ヲ(のづから)》に-弃(て)難シ。一-朝に選ハレて君主の側《カタハラ》に在(り)。

*ヲコト点「を」不審、「は」の位置がずれたか。

(注) ルビは片仮名、ヲコト点は平仮名で示す。( )は補読。(去濁)(上)は声点(アクセント、清濁)。句読点は適宜補った。

み出されたが、その一つが語順の変換を行う返り点である。

現在、国語科の古典教材として漢文を扱う場合には、一字の返読にレ点を用い、二字以上の場合には、「一、二…」などの漢数字を使い、これを挟んで二重の長い字句の返読には「上・中・下」を使用し、さらに必要に応じて「甲・乙・丙」や「天・地・人」が併用されることもある。

我が国の返り点は、時代によってその形態や機能に変遷が見られる。まず、平安初期以来、⑴「・」（星点）、⑵「一、二…」（漢数字）、⑶「上・下」（文字）、⑷その他の符号（返読する字の傍らから弧を描く形等）が用いられる。このうち、⑴は、ヲコト点が隆盛した平安時代に主として用いられ、以降徐々に廃れる。⑵は平安初期には返読だけでなく、訓読の順序を示す場合にも用いられる。⑶は、「上・中・下」は平安後半期に盛んになり、「甲・乙・丙」は鎌倉時代より後に用いられる。⑷その他の符号は、平安初期にもっぱら用いられ、中期以降衰退した。

院政末鎌倉時代には、⑸雁が羽をひろげて飛ぶ「V」字に似た雁点《かりがねてん》が新たに出現し、一字返読専用の符号として、返読する字と字の間に挿入して用いた。この符号は、当初、漢字と漢字の中央に記入していたが、南北朝頃より徐々に左側に移動し、室町時代には左寄りに定着する。桃山時代には、形態も変化し今日のレ点となった。

図5-2 第一群点～第八群点図

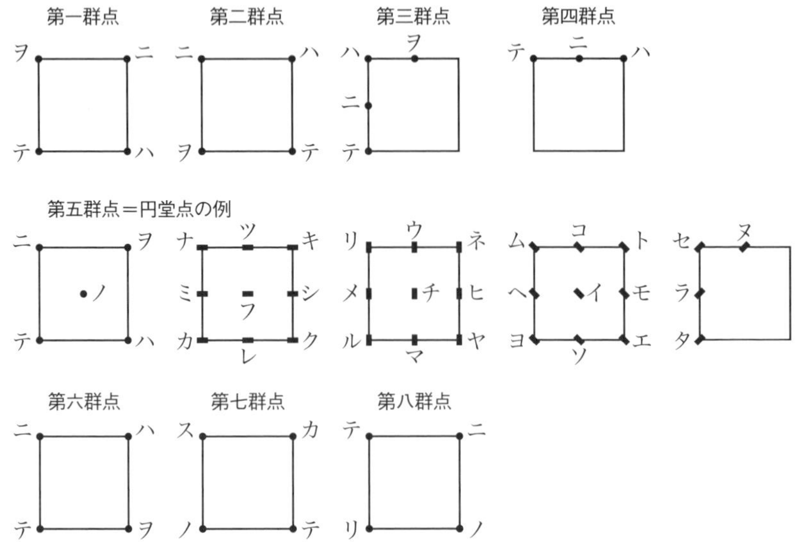

▶ヲコト点…漢字の四隅、内部、四方の辺、その周囲などに「·」「—」「｜」「／」「＼」「「」「＋」「リ」などの符号を用いて、形と位置とによって種々の読み方を示したもの。最もよく用いられたのは、テ・ニ・ヲ・ハ・ト・ノ・カなどの音節で、助詞のたぐいが多い。

ヲコト点は、加点の時代や使用者の社会的属性によって異なっており、現在までに百数十種類のヲコト点が見出されている。

▶ヲコト点の発達と展開…ヲコト点は、四隅の点に注目して、大きく八種類に分かれ、それぞれ第一群点、第二群点、…第八群点のように名付けられている（図5-2）。これらは時代や使用者の社会的属性などと深くかかわりがある。

その流れをおおまかに辿れば、次のようである。

最古のヲコト点は、特殊点とされるごく素朴な点であって、これを萌芽的な状況と認めて、第二群点を右方に90度回転して、第一群点が生じた。この第一群点の星点のうち、左上隅の星点ヲと右上隅の星点ニとを交替させて、左下隅から右廻りに四隅の星点がテニヲハの形となったのが第五群点である。

これとは別個に、第三群点を、やはり右方に90度回転して、第四群点が成った。同じく、第六群点もこの第三群点から派生したと推定されている（第五群点の変形とする説もある）。

図5-3 ヲコト点系統図

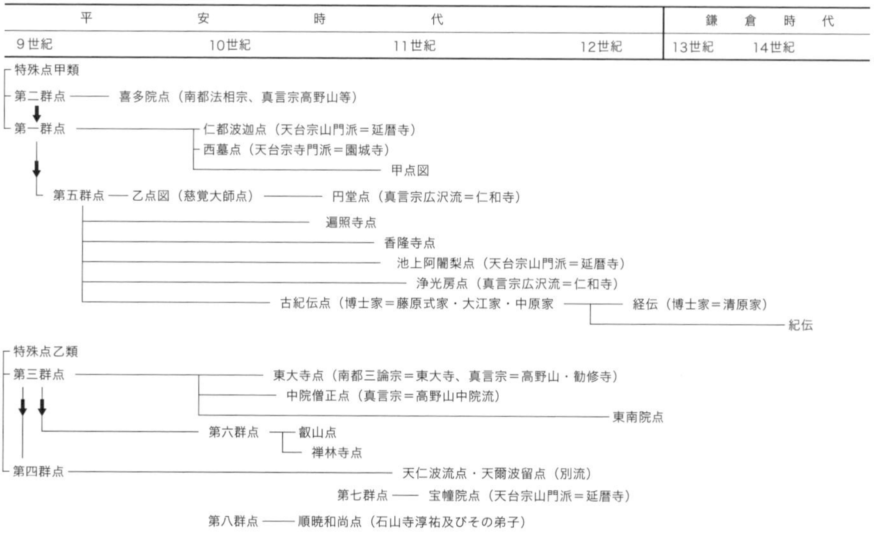

第七群点と第八群点とは、上記第一群点～第六群点とは、別に発達したもののようである（図5-3, 5-4）。

▶群点と主な点法（使用者、時期）

⑴第一群点

・仁都波迦《にとはか》点（天台宗延暦寺、10C）

・西墓《にしはか》点（天台宗園城寺、10C）

⑵第二群点

・喜多院《きたのいん》点（南都興福寺、法隆寺、高野山等、9C）

⑶第三群点

・東大寺点（南都東大寺、高野山、勧修寺等、10C）

・中院僧正《ちゅういんそうじょう》点（高野山中院流、10C）

⑷第四群点

・天仁波流《てにはる》点（延暦寺？、11C）

・天爾波留《てにはる》点別流（延暦寺？、11C）

⑸第五群点

・乙点図（石山寺、9C）

・円堂点（真言宗仁和寺、10C終）

・浄光房《じょうこうぼう》点（真言宗仁和寺、11C）

・古紀伝点（藤原家、大江家、中原家、10C）

・経伝（明伝点とも）（清原家、12C）

⑹第六群点

・叡山点（延暦寺？、10C）

・禅林寺点（延暦寺、石山寺、10C）

⑺第七群点

・宝幢院《ほうどういん》点（延暦寺、11C）

⑻第八群点

・順暁和尚《じゅんぎょうおしょう》点（石山寺淳祐《しゅんにゅう》とその弟子、10C）

なお、このヲコト点と、片仮名の字体には相関関係の見られるものがあ

図5-4 ヲコト点の展開

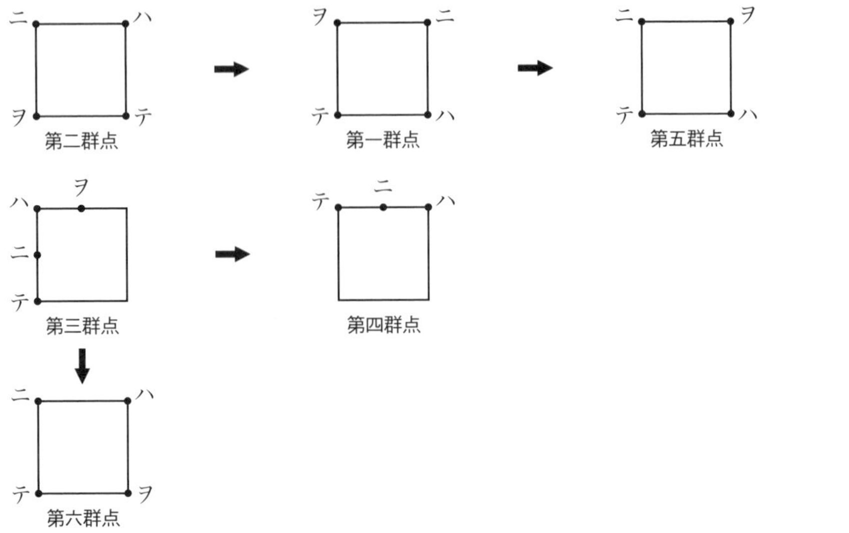

り、特定の点法に限って使用される片仮名もある。

▶声点…漢字や仮名の四隅（またその中間など）に、「○」「－」「・」などの符号を用いて、高く発音するか低く発音するかといった、声調（アクセント）を示す（図5-5）。

声点の起源は中国にある。我が国では、天台宗の僧侶の間で、陀羅尼の文字や梵語音訳の漢字に対して、その四声（平声、上声、去声、入声）を示すために施されたことに始まる。南北朝時代（14～15世紀）にアクセントの大きな変化が生じて、混乱が起こり、声点の区別が失われて廃れた。

▶合符《ごうふ》…漢文訓読の中で、漢字の熟合を示すために付ける符号。連続符とも。平安時代後期以降、□－□で音読みを示し、□＿□で訓読みを示すといった書き分けが生じ、江戸時代まで続く。

なお、鎌倉時代中期に加点された久《く》遠寺《おんじ》本『本朝文粋《ほんちょうもんずい》』のように、音訓の別の他に、□－□は漢音で読む熟語、□￣□は呉音で読む熟語といったように、細かい区別をしている文献もある。

▶朱引…人名、地名、年号、書名などの固有名詞を示す朱書の線を言う。

人名は漢字の中央に朱線一条、地名は右一条、官職名は左一条、書名は中央二条、年号は左二条、国名は右二条。室町時代以降江戸時代にかけて用いられた。

■声点と声調

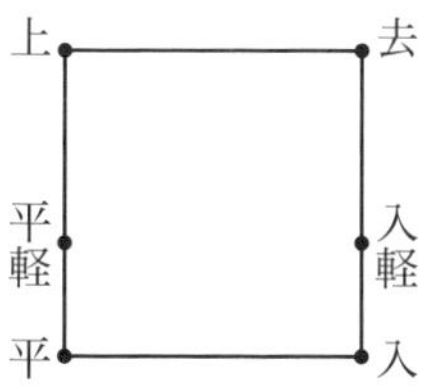

六つの声調を区別する六声体系の声点は、左下から時計回りに、平声（ひょうしょう）、平声軽（ひょうしょうかる）、上声（じょうしょう）、去声（きょしょう）、入声軽（にっしょうかる）、入声（にっしょう）となり、それぞれ、低平調、下降調、高平調、上昇調、韻尾が-t、-k、-pで終わるもののうち高くとなえるもの、韻尾が-t、-k、-pで終わるものを示す。

図5-5 図書寮本『類聚名義抄』の声点

※片仮名に差された声点の例。「墜堕」の見出し字に対して、まず漢文注による説明が続き、末尾に「コボツ」「オツ」「ヤブル」のように和訓が片仮名で示される。それぞれの和訓には、典拠となる書物の名を挙げ、声点が差されている。

たとえば、「ヤフル」については、「列」とあって、『史記』列伝を出典とする和訓であることを示し、片仮名のヤの左下に単点、フの左下に双点、ルの左上に単点が差されている。よって、平安末期に、この語のヤは平らに低く唱え、フは濁って平らに低く唱え、ルは平らに高く唱えることが分かるのである。

また、「コボツ」には、ホの右肩に「レ」の濁点が施されている。

［出典］『図書寮本類聚名義抄　本文編』（勉誠社、1976）より

（宮内庁書陵部蔵）

第2節　濁点

▶濁音と濁点…清音の対。カ・サ・タ・ハ行の音とこれらに対応する拗音キャ・シャ・チャ・ヒャなどの清音に対して、ガ・ザ・ダ・バ行の音とこれらに対応する拗音ギャ・ジャ・ヂャ・ビャなどの音を濁音と言う。

この濁音を示す符号が濁点である。濁音符とも言う。現代では、「が・ガ」のように右肩に「゛」を加えて表す。

▶濁音表示の展開と濁点

(1)奈良時代まで…この時期は、万葉仮名の専用時代であって、平仮名や片仮名は成立していなかった。清濁の書き分けは、たとえば、「我」はカではなくガの音を表し、「駄」は清音タではなくダを表すというように、万葉仮名の濁音専用の字母を用いることで濁音を表していた。

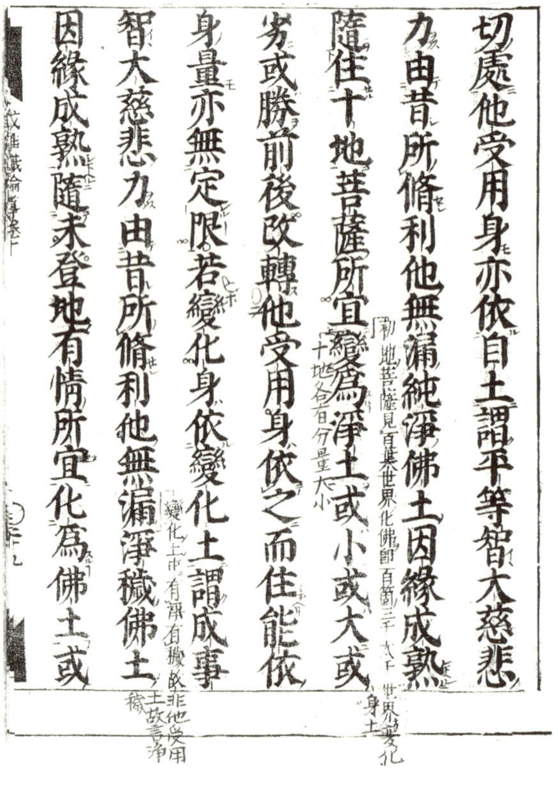
切處他受用身亦依自土謂平等智大慈悲
力由昔所脩利他無漏純淨佛土因緣成熟
隨住十地菩薩所宜變為淨土或小或大或
劣或勝前後改轉他受用身依之而住能依
身量亦無定限若變化身依變化土謂成事
智大慈悲力由昔所脩利他無漏淨穢佛土
因緣成熟隨未登地有情所宜化為佛土或

(『成唯識論』元禄十六年版)

図5-6　濁声点

※漢文の本文中に見える、圏点《けんてん》(白抜きの○印)二つは、声調(アクセント)を示すと同時に濁音であることを示す。「所宜」(3行目)の「宜」字左上の二つの圏点は、高く発音しギと濁ることを、「変化身」(5行目)の「化」字左下二つの圏点は、低く発音しゲと濁ることを、それぞれ示している。

⑵平安時代…平安時代初中期（9～10世紀）になって、平仮名や片仮名が成立すると、その万葉仮名の濁音字母による清濁の書き分けが徐々に姿を消す。1000年以降、清濁の書き分けが必要な場合（仏教の経典の陀羅尼の音読を示すためなど）には、次の4種の方式があった。

①「シ」：濁音であることを示したい文字に「濁」字の偏「シ」を傍書する。

㈷婆《シ》（石山寺蔵『金剛界儀軌《ぎき》』寛平元（889）年点）

図5-7 世阿弥自筆本「盛久」

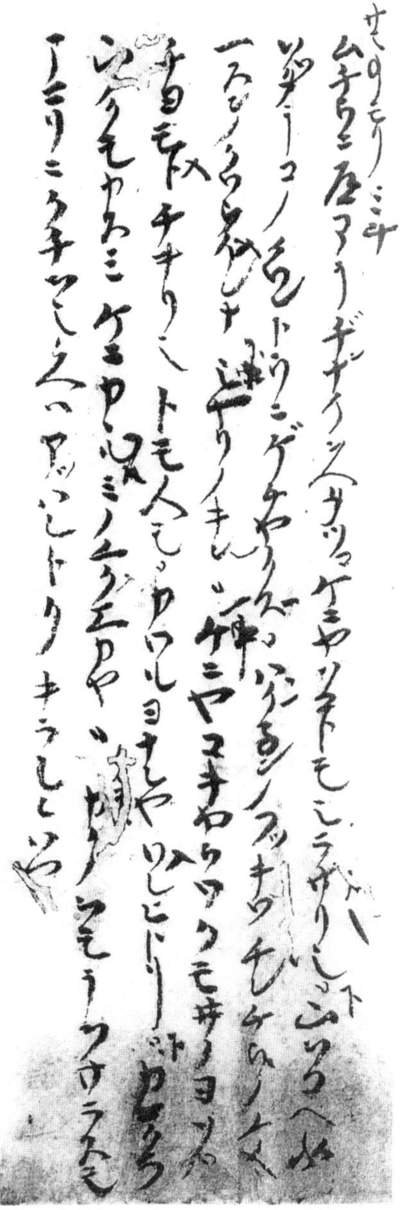

（宝山寺蔵）

サシ事モリ
ムチウニ道《ミチ》アテヂ〔ン〕ナイヲヘタツ。ケニヤソコトモシラザリシ。山ヲコヘ水
ヲ〔ワ〕タテコノクワントウニゲチヤクス。ハクネンノフッキワ　チンチウノユメ
一スンノクワウインナ　シヤリノキン。ケニヤコキヤウワ　クモヰノヨソ。
チヨモトチキリシ　トモ人モ。カワルヨナレヤ　ワレ《タ、コトハ》ヒトリ。カマクラ
山ノクモカスミ　ケニカ、ル《フル》ミノユクエカヤ。カクヲモテヲサラスモ
アマリニクチヲシ候ヘハ　アッハレトクキラレ候ハヤ

［出典］表章『世阿弥自筆能本集　影印篇』（岩波書店、1997）より

②濁点：片仮名の右傍に「、」「レ」などの符号を加える。

㈷勃ホ（西大寺本『大日経』長保二（1000）年点）

墜堕　コホツ（図書寮本『類聚名義抄』）（図5-5）

③濁声点：アクセントを示す声点を二つ並べて「‥」「○○」（あるいは、「－」「△」など）のように示す。（図5-6）

㈷°°神（東京大学国語研究室本『不空羂索神咒心経』仁平元（1151）年点）

④濁音仮名：片仮名を上下左右に反転して示す。

㈷微（高山寺蔵『十二天法《じゅうにてんぽう》』平安後期点）他に「ㇹ（タの鏡文字）」など。

このうち、残ったのは③の方式だけで、1150年頃に社会的統一を果たした。

⑶院政鎌倉時代…⑵の③の方式が、漢文に声点を施した訓点資料一般に及ぶ。12世紀から14世紀にかけて、アクセント（声調）標示の働きをもちつつ、濁音を示す方に重点が置かれる文献が増えてくる。平仮名文（和歌集、物語）や片仮名文（聞書、軍記）にも見られるが、特に、声明資料と呼ばれる節博士《ふしはかせ》を施した資料に、濁音表示に主眼を置いた文献が目立つようになる。

⑷室町時代以降…1400年～1500年は、前代の濁声点方式から、今日のように右肩に濁点を打つ方式へと移行する時期である。代表的な文献では、世阿弥の謡曲譜本（図5-7）が著名であるが、これは⑶の声明資料からの影響が濃厚であって、その流れを汲むものである。この仮名の右肩に濁点を打つ方式の定着は、だいたい1600年前後と考えられている。しかし、濁音には必ず濁点を打つというわけではなく、江戸時代に入っても任意の状況が長らく続く。

濁点が仮名の右側に移ってからも、その位置や形はしばらく一定せず、位置は右傍であったり、右肩であったりし、また、形も「ぃ」の他に「ぃ、」（三点）「ぃぃ」（四点）で示す方式も一時的には見られる。

上記の濁声点から濁点への展開は、1400年以前＝濁音卓立の段階、1400年代前半＝声調標示が弛緩して放棄される段階、1400年代後半～1550年＝濁点が右側に移動する段階、1600年前後＝仮名の右肩に濁点を打つ方式が定着する、というような流れを描くことができる。

ただし、その使用は必ずしも広くなく、漢文の訓点としての片仮名や漢字片仮名交じり文に限られていた。

これが、平仮名文にまで広く普及し、丁寧に付されるようになるのは江戸時代前期以降であり、それでもなお、しばらく濁点は任意の符号であった。

第3節　半濁点

▶半濁音と半濁点…半濁音とは、パピプペポのパ行（-p）の音である。これを表示する右肩の「○」の符号が半濁点である。半濁音符とも言う。

▶半濁点の成立…半濁音（-p）が、日本語の音韻として意識されるようになるのは、必ずしも明確ではないが、室町時代末期から江戸時代にかけての時期であるとされる。したがって、半濁点の誕生は、これ以降のこととなる。

古くから、文字の右横に注意を喚起するために「○」印を付けることがしばしば行われたが、半濁点はこれを淵源とする。注意を喚起する意味で用いられた文字の右横の「○」は、室町時代中期頃（15世紀半ば）にはその文字が「濁らない」ことを表示するために用いられた「不濁点」へと成長する（図5-8）。また、この時期に「不濁点」は、濁点「ヾ」の位置より類推が働いて右横から右肩に移動するようになる。しかし、この「不濁点」は、濁音には必ず濁点を打つ表示法が確立するにしたがい（それまでは濁点の打つ打たないは任意であった）、清音であることを積極的に示す「不濁点」は無用となり消滅してしまう。

一方、中世極末期（16世紀末）に

図5-8　文明本『節用集』の不濁点

（国立国会図書館蔵）

※この箇所の「｜」は「毒」字が入り、これを含む熟語を並べている。したがって、1行目の「｜断」は「毒断」で、「｜薬」は「毒薬」、以下「毒虫」「毒心」「毒味」である。2行目の「解レ｜」は、「毒ヲ解ス」、「消レ｜」は、「毒ヲ消ス」となる。この「解」字の右ルビに「ゲス」とあって、ケの右肩の二つの点でゲと濁って読むことを示している（＝濁点）。その下の「消」字の右ルビ「ケス」には白抜きの○（圏点）がケの右肩に付けられていて、こちらはゲと濁らないことを積極的に示すもので、「不濁点」と呼ばれる。

［出典］中田祝夫『改訂新版　文明本節用集研究並びに索引』（勉誠社、1979）より

キリシタン（ポルトガル人のキリスト教宣教師）によって、日本語の仮名と彼らの母語であるポルトガル語の音韻とのすき間を埋める符号として「○」が使用されるようになり、やがてキリシタン版ではパ行音を表示する符号として定着する。ここに半濁点の一応の成立を見ることができるが、キリシタン版は、その後のキリスト教そのものの布教の禁止、教徒への弾圧によって、以後の日本語文献にほとんど影響を与えなかったようである（図5-9）。

江戸時代の1660年代以降、唐音資料に「○」符号が使用されるようになり、1700年代にはパ行音を表す半濁点として定着し、これが今日の半濁点の直接の起源であるとされる。

なお、必ずしも一般的に普及していたわけではないが、江戸時代には、パ行音の表記以外に、この「○」の符号を用いて、実際の発音に近づけて特殊な音であることを示そうとした工夫も窺われる。「か」に付して鼻音でない［ga］を表したり、「さ」に付けて破擦音［tsa］（「オトッツァン」の類）を示したりといったことであり、文中の会話に現実感をもたせるため、用いられたとされる。

半濁点も、濁点と同じく、江戸時代にはかなり定着し、丁寧に付されるようになるが、それでもなお、任意であって、必ず付けるという決まりはなかった。

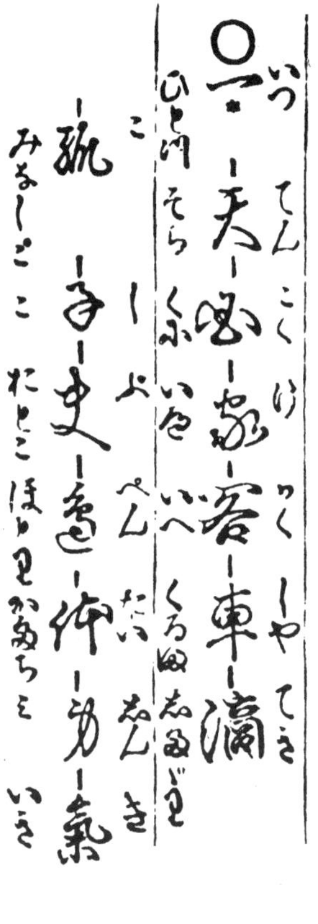

図5-9『落葉集』

（京都大学国語学国文学研究室蔵）

※「二」を一字目に据える熟語を並べている箇所であり、「ー」は、この「二」が当たる。従って、「ー夫」「ー辺」は、「二夫」「二辺」を表しているが、「夫」「辺」のルビにそれぞれ「ぷ」「ぺん」とあり、半濁音であることを右肩の○で示している。

［出典］『慶長三年耶蘇会板　落葉集』（京都大学文学部国語学国文学研究室、1962）より

第4節　踊り字

踊り字とは、日本語の補助符号の一つで、繰り返し符号のこと。特定の文字列を反復することを示し、古くは畳字、重点などとも呼んだ。現代日本語の表記では、一般には、漢字一字を繰り返す「々」の形のいわゆる「同《どう》の字点」が用いられるのみであるが、かつてはさまざまな形があり、次のようなものがあった（図5-10）。

⑴一つ点…平仮名一字を繰り返す「ゝ」（「ゞ」はその濁音）、片仮名一字の「ヽ」（「ヾ」はその濁音）。

⑵二の字点…仮名一字および「各〻」や「益〻」のように訓読そのものが重ね語の形になるときに用いる。「この字点」とも。

⑶ノノ点…数字や語句の単位に用いる「〃」。

⑷くの字点…二字以上の繰り返しには「〳〵」「〴〵」などが盛んに使用された。

ただし、現代でも、「民主主義」「学生生活」のように複合語で次の単位にまたがる場合や行頭に来る場合には「々」を用いることはない。一方、戸籍法施行規則では、「すゞ子」や「すゝむ」のように子の名に「ゝ」「ゞ」を用いることは制限していない。

▶踊り字の成立と展開…「々」は室町

図5-10 踊り字の型

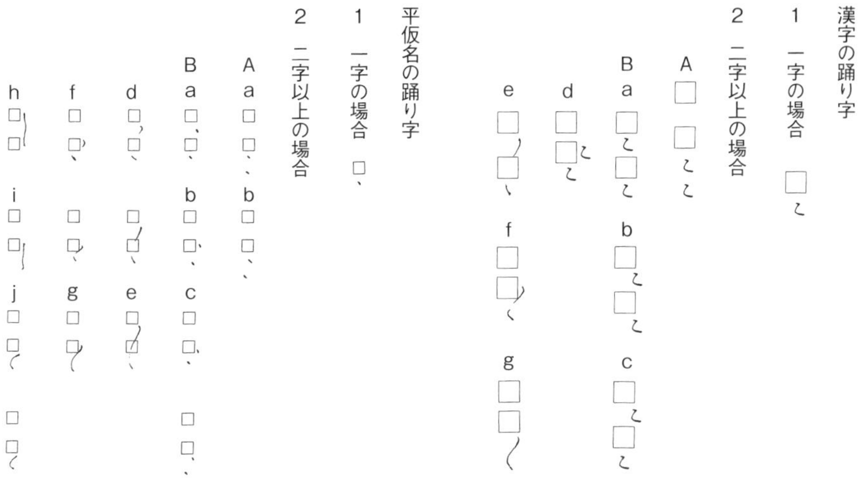

［出典］大坪併治「繰り返し符号小見」（『国語史論集　下』風間書房、1998）をもとに作成

時代に成立し、中国の「〻」を誤認してできた和字とも、漢字の「二」が崩れて次第に変化したとも説かれ、さらに「同じ」の意を表す「僉」の省文を字源とする説も出されるが、いずれも俄には決めがたい。中国では、先秦時代より漢字列の反復に「ゝ」「丶」「〻」を用いており、漢字Ａの反復に「Ａ〻」のように書き表し、漢字二字以上の文字列ＡＢについては「Ａ〻Ｂ〻」「ＡＢ〻〻」の二形式が存した。

日本語の踊り字は、この漢字の形が仮名へと及んで発達したものである。

平仮名の場合、当初二字以上繰り返す形式に種々のものがあったが、連綿の書法が「ゝゝ」にも行われて平安時代の10世紀後半には「〱」の形が見えるようになる。片仮名では、この形は平仮名よりやや遅れて院政期頃に出現するようである。

特に、片仮名文の場で用いられた「〱」の形は、院政期から鎌倉時代にかけてその起筆位置に変化が生ずるようであり、12世紀から14世紀にかけて、その起筆位置が徐々に下方に移動するようになる（図5-11）。これは、書記労力の軽減を要因とすると考えられている。

また、現代では、IT時代を迎えパソコンが普及するにつれ、電子情報として扱う踊り字の用法が今後どのようになってゆくかが問題となろう。ワープロソフトの一太郎やワードでは、「々」字は「どう」と仮名で入力すれば変換することができ、それ以外の踊り字は、「ヽ」「ヾ」「ゝ」「ゞ」「〱」「〲」が用いられている。

図5-11　踊り字の起筆位置の変遷（片仮名の場合、イメージ図）

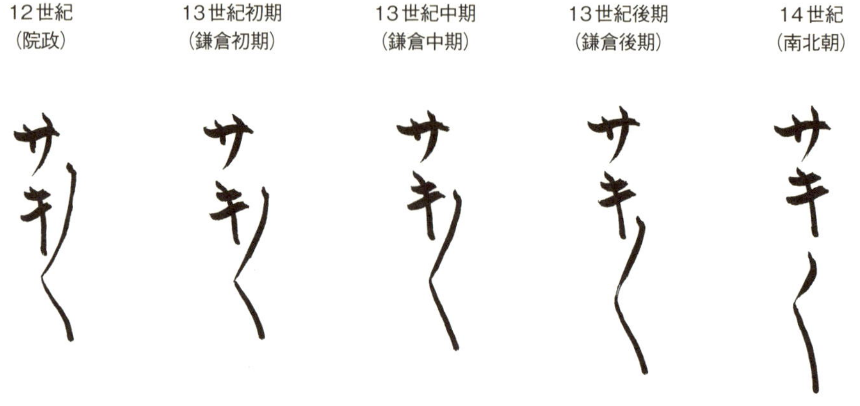

第5節 句読点

一つの文の終わりを示すのが句点で、文の成分が直後の成分を修飾しない時に区切りを示すのが読点である。句点は「。」もしくは「.」、読点は「、」や「,」が用いられる。1954（昭29）年に依命通知された「公用文作成の要領」では、横書きの場合の句読点は、「,」と「。」を用いることになっているが、一般日常文では「、」と「.」の組み合わせで書かれることも少なくない。学校教育の現場では通常は「、」と「。」を用いている。

▶読点の打ち方…個人によってかなり幅があり、統一的な表記法はないが、①文の主題を示す語句のあと、②文の中止するところ、③条件や理由をあげる語句のあと、④接続詞や感動詞のあとなど、おおよその目安となる打ち方はある。

▶句読点の起源と展開…日本の句読点の起源は、漢文訓読に求められる。奈良時代の『李《り》善注《ぜんちゅう》文選《もんぜん》抜書《ぬきがき》』に文や句の切れ目に「、」を施すのが実際の文献例として最古であり、以後平安時

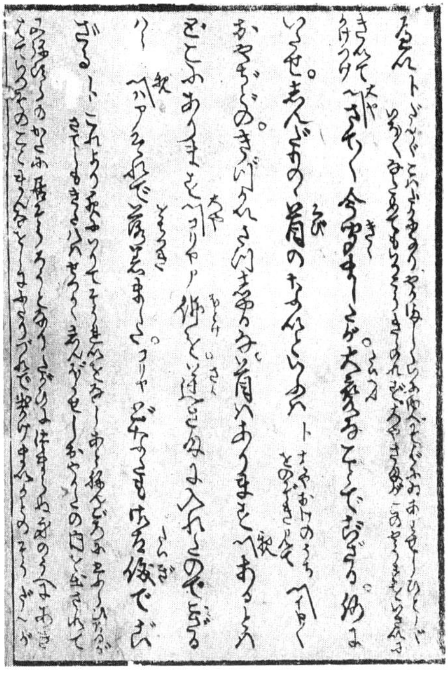

図5-12『東海道中膝栗毛』の句読点

※2行目「大や」のことばに「さて〳〵今聞《き》ましたが。大変《たいへん》なことでござる。何にいたせ。しんだもの、首《くび》のないといふは」、とあり、続いて「イヤ〳〵おやぢどの。きづかいさつしやるな。首はあります」とある。句点も読点も同じ「○」の符号を右下に打つ方式。

代初期（9世紀）の訓点資料にその使用が確認される。白や朱色を用い、その形状は点や短い線であって、文や句の切れ目の漢字の下に記入し、その位置は右側、左側、中央とさまざまであった。また、当初は句点と読点とを区別せずに、同じ位置に記すことも多かったが、やがて固定し、右下が句点、中央下が読点、左下が返点を表示するようになった。その後、徐々に漢文訓読の場と近い漢字片仮名交じり文に用いられ、天理図書館蔵『釈迦如来念誦次第』などは鎌倉時代の例として貴重である。江戸時代になると、版本ではさまざまな句読点が見られるようになる。形は「・」「。」などで、位置は字の右下や中央に、働きは句点のみ、また、句読点を区別せずに用いる、といった状況であった（図5-12）。現在のように、「。」と「、」の句読点を用いるようになったのは、明治39年に文部大臣官房図書課が「句読法案」を出してこれが国定教科書に採用されて以降のことである。

▶句読点に関する論…早く『桂庵和尚《けいあんおしょう》家法倭点《かほうわてん》』に「句点於字之傍、読点二字之中間」と見え、また、江戸時代には、貝原益軒『点例』や太宰春台《だざいしゅんだい》『倭読要領《わどくようりょう》』にも言及されるが、これらは漢文訓読の流れを汲むものである。一方、これとは別に、蘭学の進展に伴って句読点に関する解説も見えるようになり、前野良沢『和蘭点例考』はその最初の著述と説かれる。日本語の文章について、句読点に関して発言した書としては、江戸時代に著された伴蒿蹊《ばんこうけい》『国文《くにつふみ》世々《よよ》の跡《あと》』を嚆矢とするが、後への影響はあまりなく、やはり本格的に取り入れられるのは近代に入ってからのことであった。

■太宰春台『倭読要領』

句《ク》読《トウ》ヲ点ズルコトハ、其法一様ナラズ、或ハ圏《ケン》ヲ用ヒ、或ハ批《ヒ》ヲ用フ、圏トハ○ナリ、批トハ、ナリ、秘書省《セイ》ノ校書《カウシヨ》ノ式《シキ》ニハ句ハ字ノ旁《カタハラ》ニ点ジ、読《トウ》ハ字ノ中間ニ点ズトイヘリ、中華ノ書ノ中ニ、此式ヲ用テ句読ヲ点ジタル本《ホン》アリ、其時ハ小圏ヲ用フ、又句ニハ圏ヲ用ヒ、読《トウ》ニハ批ヲ用ルコトアリ、其時ハ句モ読《トウ》モ皆旁《カタハラ》ニ点ズ、又句ト読《トウ》トヲ別《ワカ》タズ、皆《ミナ》圏ヲ用ヒ、皆《ミナ》批ヲ用ルコトアリ、其時モ句読倶《トモ》ニ旁《カタハラ》ニ点ズ、カクノ如ク種種ノ点式アリ、人人《ヒト〳〵》ノ意ニテ時ニ臨テ何レノ式ヲモ用ルナリ、中華ヨリ来レル書ヲ多ク見テ其異《イ》ヲ考フベシ

■伴蒿渓『国文世々の跡』

凡一篇の文章を著すにその時代を考（へ）て、辞もつゞけがらも古今打まじらぬやうにぞあるべき。されどまた彼是かよはして用うべきもあらん、思ひはからふべし。此古風の事は、近き頃、万葉の歌ざまを唱ふる人々己が任《まげ》としていへばこゝにしげく述べず、文体の例左に挙て法を尓（ママ）す、

」ハ一節　○ハ句　ゝハ読　△▲対語上下ノ合印トス　以下諸篇倣レ之

第6節　さまざまな符号・記号

1　符号・記号

文字以外の表記には、符号や記号のたぐいがある。それぞれ名称はあるものの、音声符号・記号の一部を除けば、表記に対応する固有の音声をもたないという特徴がある。

具体的には、前述の句読点、踊り字、濁音符・半濁音符などのほか、感嘆符「！」、疑問符「？」や括弧類「（　）・「　」・『　』」や国際音声字母、音符、数学に用いる正・負の符号、演算記号、点字など広い分野でさまざまな符号・記号が使用されている（表5-1）。

符号や記号は、特定の機能や概念を抽象化することから生じた産物である

表5-1　国際音声字母

子音（肺気流）

	両唇音	唇歯音	歯音	歯茎音	後部歯茎音	そり舌音	硬口蓋音	軟口蓋音	口蓋垂音	咽頭音	声門音
破裂音	p　b			t　d		ʈ　ɖ	c　ɟ	k　ɡ	q　ɢ		ʔ
鼻音	m	ɱ		n		ɳ	ɲ	ŋ	ɴ		
ふるえ音	ʙ			r					ʀ		
弾き音		ⱱ		ɾ		ɽ					
摩擦音	ɸ　β	f　v	θ　ð	s　z	ʃ　ʒ	ʂ　ʐ	ç　ʝ	x　ɣ	χ　ʁ	ħ　ʕ	h　ɦ
側面摩擦音				ɬ　ɮ							
接近音		ʋ		ɹ		ɻ	j	ɰ			
側面接近音				l		ɭ	ʎ	ʟ			

記号が対になっているところは、右側のものが有声子音を表す。影を付けた部分は、発音が不可能であると考えられることを示す。

母音

	前舌	中舌	奥舌
狭	i y	ɨ ʉ	ɯ u
	ɪ ʏ		ʊ
半狭	e ø	ɘ ɵ	ɤ o
		ə	
半広	ɛ œ	ɜ ɞ	ʌ ɔ
	æ	ɐ	
広	a ɶ		ɑ ɒ

記号が対になっているところは、右側のものが円唇母音を表す。

その他の記号

ʍ 無声（両）唇・軟口蓋摩擦音

w 有声（両）唇・軟口蓋接近音

ɥ 有声（両）唇・硬口蓋接近音

ɕ ʑ 歯茎・硬口蓋摩擦音

破擦音および二重調音は、必要ならば2つの記号をタイで結んだものによって表すことができる。

k͡p　t͡s

補助記号

記号	名称	例	
̥	無声	n̥	d̥
ʰ	有気	tʰ	dʰ
̈	中舌母音化	ë	
̯	音節副音的	e̯	
ʷ	唇音化	tʷ	dʷ
ʲ	（硬）口蓋化	tʲ	dʲ
̃	鼻音化	ẽ	

補助記号は、場合によっては上に付けてもよい。例：ŋ̊

［出典］「日本語の音」（松村明編（『大辞林　第三版』三省堂、2006）をもとに作成

が、その抽象化の度合いはさまざまであり、「★」「○」などの形をそのままに記したものや、地図記号の「卍」（寺院）のように宗教的な象徴を転用したもの、アットマーク「@」のように文字を変形させたものもある。

符号と記号の関係については、記号の一部として符号を位置づけることが一般的であるが、実際には両者にまたがる複数の用法や機能をもつ符号・記号も多く、厳密な区分が難しい場合もある。

2 引用符

●引用符のきまり

現在、引用や会話を表記する際に用いられる引用符は、「句読法」（1906、文部大臣官房図書課）としてその表記方法が公に制定された。

戦後、教科書や文書などの基準として「くぎり符号の使ひ方〔句読法〕（案）」（1946）が出され、現行の表記はここに拠っている。

●会話の引用符

会話ということに特化してみてみると、現行ではカギ括弧を用いた引用が一般的である。しかし、江戸時代初期の狂言台本などには、会話の始まりに右下がりの庵点《いおりてん》「〽」（もともと、和歌や連歌などの右肩、散文の区切りなどに用いられる）らしきものが付けられる。また、江戸時代後期の滑稽本や人情本、明治初期の小説類の会話箇所

図5-13 会話の引用符

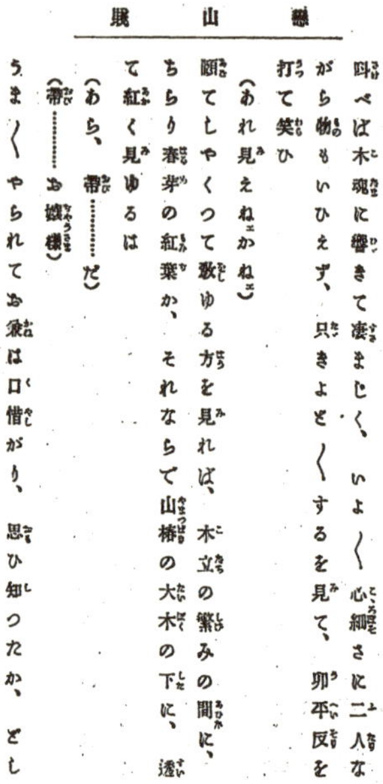

戀山賤

（お孃《ぢやう》さまッ）
叫《さけ》べば木《こ》魂《だま》に響《ひゞ》きて凄《すさ》まじく、いよ〳〵心細《こゝろぼそ》さに二人《ふたり》な
がら物《もの》もいひえず、只《たゞ》きよと〳〵するを見《み》て、卯平《うへい》反《そり》を
打《うつ》て笑《わら》ひ
（あれ見《み》えねヱかねヱ）
顧《みかへ》てしやくつて敎《をし》ゆる方《はう》を見《み》れば、木《こ》立《だち》の繁《しげ》みの間《あひだ》に、
ちらり春芽《はるめ》の紅葉《もみぢ》か、それならで山椿《やまつばき》の大木《たいぼく》の下《した》に、透《すい》
て紅《あか》く見《み》ゆるは
（あら、帶《おび》…………だ）
（帶《おび》…………お孃樣《ぢやうさま》）
うま〳〵やられてお猿《さる》は口惜《くや》しがり、思《おも》ひ知《し》つたか、どし

『恋山賤』（1889）（国立国会図書館蔵）

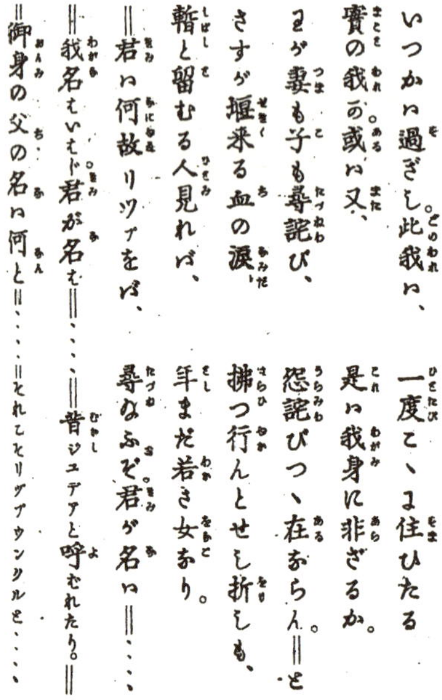

いつかは過《すぎ》し。此我《このわれ》は、一度《ひとたび》こゝに住《すま》ひたる
實《まこと》の我《われ》か。或《ある》は又《また》、是《これ》は我身《わがみ》に非《あら》ざるか。
まが妻《つま》も子《こ》も尋詫《たづねわ》び、怨詫《うらみわ》びつゝ、在《ある》ならん。＝と
さすが堰来《せきく》る血《ち》の涙《なみだ》、拂《はらひ》つ行《ゆか》んとせし折《をり》しも、
暫《しばし》と留《と》むる人見《ひとみ》れば、年《とし》まだ若《わか》き女《をんな》あり。
＝君《きみ》は何故《なにゆゑ》リツプをば、尋《たづね》なふぞ。君《きみ》が名《な》は＝、、、
＝我名《わがな》もいむド君《きみ》が名《な》も＝、、、＝昔《むかし》ジユデアと呼《よ》ばれたり。＝
＝御身《おんみ》の父《ち》の名《な》は何《なん》と＝、、、＝それこそリツプウンクルと、、、

『新体詞選』（1886）（国立国会図書館蔵）

にも、形のやや異なる庵点が用いられている。

明治に入り、活字での出版が行われるようになると、その形態も現行と同様のものへと安定してくる。ただし、会話のはじまりは区切るが、会話の終わりを閉じ括弧で区切ることが固定化されるのは、明治後期になってからである。このほか、明治時代にはカギ括弧以外の符号を用いた例も見られる(図5-13)。

3 長音符

長音符は、直前の音を延ばして発音することを表記するものである。長音符は外来語の表記などの片仮名の文字列に使われることが一般的で、縦書きでは「|」横書きでは「ー」を用いる。

江戸後期や明治初期の文献には、直前の音を延ばす際にはその母音を片仮名で表記するものや、「引」と記されているものがある(図5-14)。「|」は「引」の漢字の旁を利用した一種の片仮名表記とも言える。

口語的な表現では「〜」を用いて長音を表記する場合もある。

4 見せ消ち

見せ消ちとは、書写で間違いがあった箇所に字を取り消すという意味で付けるものである。現行では、一字の場合は、右下がりの二重斜線を字の上に書き入れたり、2字以上の場合は二重線を該当の文字列の上に書き入れたり

図5-14 長音符

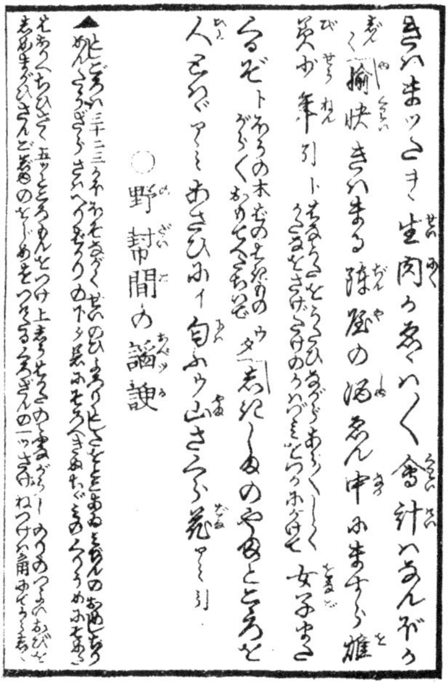

『安愚楽鍋』(1871〜72)

※三行目と五行目に「引」の字が見える。三行目は甚句を記した箇所で「美少年引トはなうたをうたひながら」とある。五行目は、ウタの箇所で、「さくら花ア、、、引」とあり、両者ともに長音を示したものと思われる。これらの始まり箇所にも庵点のようなものが使用されている。

する。古くは、訓点資料・和文の資料などにも同様の例が見え、時期や資料によって、「ム」「ヒ」「ト」「L」「ヽ」「〻」など、さまざまな取り消し符号があった。

総じて文字列とともに使用される符号・記号には漢文訓読や西洋の句読法からの影響を受けたものが多い。

5 合字ほか

合字は「杢　木＋工」「麿　麻＋呂」「粂　久＋米」のように漢字にも見られるものであるが、平仮名・片仮名の合字（合略仮名とも）は現行の文字としては特殊なものとして位置づけられている。

たとえば、「ゟ」（より）「ヿ」（コト）などがある。これらは、筆写文字や整版による版本の文字などからの流れを受けて活字としても使用されたものである。

明治時代には多くの使用例があるが、1900年「小学校令施行規則」以後、平仮名や片仮名の文字数が制限され、使用範囲が限られていった。

このほか、合字ではないが、「〼」（ます）「〆」（しめ）なども同様に文字に準じて使用される場合がある（「〆切厳守」「地酒あり〼」）。

6 ピクトグラム

東京オリンピック（1964年）の際、外国語を母語とする人々に情報伝達を行うために、ピクトグラム（ピクトグ

■よく使われる符号・記号

・	中黒
.	ピリオド
,	コンマ，カンマ
:	コロン
;	セミコロン
?	疑問符
!	感嘆符
―	ダーシ，ダッシュ
…	三点リーダー
※	こめじるし
＊	アステリスク
( )	パーレン，括弧
[ ]	ブランケット，大括弧
{ }	ブレース，中括弧
【 】	すみつきパーレン，黒亀甲括弧
〈 〉	山形，ギュメ

■合字ほか

コト	ヿ	こと	[illegible]
ヨリ	[illegible]	より	ゟ
トモ	𪜈	トキ	[illegible]
トイウ	[illegible]	シテ	[illegible]
ます	〼	しめ	〆
まいらせそうろう	[illegible]		

ラフとも）が普及した。各国でもさまざまなものが利用されている（図5-15）。これらの記号は、意味に直接訴えるので、使用言語が異なっても意思を伝えることができる点が大変便利である。しかし、背景となる文化や習慣が異なることで、全く通じなかったり、誤解を与えかねなかったりするということへも配慮が必要である。1976年には、アメリカ・グラフィック・アーツ協会とアメリカ運輸局により34の統一シンボルが提案されている。

図5-15 さまざまなピクトグラム

（注1）ダラス・フォトワース国際空港（アメリカ）／1973年
（注2）国際民間航空機構（カナダ）／1970年
（注3）国際鉄道連盟（フランス）／1965年

［出典］江川清ほか編『記号の事典』（三省堂、1985）より

第6章

表記法

第1節　仮名遣い

1　仮名遣いとは

仮名遣いとは日本語をどのような仮名（平仮名・片仮名、古くは万葉仮名）で表記するかということである。次の二つの場合に区別される。

●実態と規範

まず、ある時期にどのような仮名を用いているかという実態のことをさす。たとえば「江戸時代の版本の仮名遣いにはさまざまな用例が見られる」とか「現代女子高校生のメールでの仮名遣いを調べてみよう」とかいう場合がそれにあたる。

もう一つは、仮名の表記上のきまりをさす。具体的には、語に対応する綴りを固定させるための規範のことであ

■「現代仮名遣い」抜粋

第1　語を書き表すのに、現代語の音韻に従って、次の仮名を用いる。＜以下、1～5⑵略＞

5　長音　＜以下、各項の例も抜粋、例中の常用漢字表に掲げられていない漢字・音訓には*印・△印をつけた＞

⑶　ウ列の長音

ウ列の仮名に「う」を添える。

㈷　おさむうございます（寒）　くうき（空気）　きゅうり　ぼくじゅう（墨汁）

⑷　エ列の長音

エ列の仮名に「え」を添える。

㈷　ねえさん　ええ（応答の語）

⑸　オ列の長音

オ列の仮名に「う」を添える。

㈷　おとうさん　かおう（買）　おはよう（早）　おうぎ（扇）　はっぴょう（発表）

第2　特定の語については、表記の慣習を尊重して、次のように書く。

1　助詞の「を」は、「を」と書く。

㈷　本を読む　やむをえない

2　助詞の「は」は、「は」と書く。

㈷　今日は日曜です　恐らくは　これはこれは　こんにちは

〔注意〕　次のようなものは、この例にあたらないものとする。

いまわの際　雨も降るわ風も吹くわ　きれいだわ

3　助詞の「へ」は、「へ」と書く。

㈷　故郷へ帰る　…さんへ

4　動詞の「いう（言）」は、「いう」と書く。

㈷　ものをいう（言）　いうまでもない　昔々あったという

5　次のような語は、「ぢ」「づ」を用いて書く。

⑴　同音の連呼によって生じた「ぢ」「づ」

㈷　ちぢみ（縮）　ちぢれる　つづみ（鼓）　つづら　つづく（続）

〔注意〕　「いちじく」「いちじるしい」は、この例にあたらない。

⑵　二語の連合によって生じた「ぢ」「づ」

㈷　はなぢ（鼻血）　そこぢから（底力）　ちゃのみぢゃわん　まぢか（間近）　こぢんまり　みかづき（三日月）　たづな（手綱）　にいづま（新妻）

る。この考え方によれば、規範をどのように考えるかによって、仮名遣いは異なる様相を呈することとなる。たとえば、「男」の現代仮名遣いは「おとこ」であるが、日本語の古い用例を規範にした歴史的仮名遣いでは「をとこ」となる。一方、鎌倉時代以降に行われた定家仮名遣いでは、「おとこ」となる。次のような例もある。

▶現代仮名遣い

おろか・おと・ゆえ・ゆくえ・かおり

▶歴史的仮名遣い

おろか・おと・ゆゑ・ゆくへ・かをり

▶定家仮名遣い

をろか・をと・ゆへ・ゆくゑ・かほり

このようにさまざまな仮名遣いが生じた背景には、日本語の音声・音韻が変化し、それに伴って、同じ発音をする仮名が複数生じ、同音の書き分けが必要になったという事情がある。

2 現代仮名遣い

現行の表記は、第二次世界大戦後に発表された「現代かなづかい」(1946、内閣告示) をうけ、それを改めた「現代仮名遣い」(1986、内閣告示) が基準となって一般社会に用いられている(2010年に一部改正)。

●原則と特例

「現代仮名遣い」の前書きには「語を現代語の音韻に従って書き表すことを原則とし、一方、表記の慣習を尊重して一定の特例を設けるもの」と書かれて

ひづめ　ひげづら　おこづかい（小遣）　わしづかみ　こころづくし（心尽）　てづくり（手作）　こづつみ（小包）　つねづね（常々）

なお、次のような語については、現代語の意識では一般に二語に分解しにくいもの等として、それぞれ「じ」「ず」を用いて書くことを本則とし、「せかいぢゅう」「いなづま」のように「ぢ」「づ」を用いて書くこともできるものとする。

㈲　せかいじゅう（世界中）　いなずま（稲妻）　かたず（固唾）　きずな（絆*）　さかずき（杯）　ときわず　ほおずき　みみずく　うなずく　おとずれる（訪）　かしずく　つまずく

〔注意〕　次のような語の中の「じ」「ず」は、漢字の音読みでもともと濁っているものであって、上記(1)、(2)のいずれにもあたらず、「じ」「ず」を用いて書く。

㈲　じめん（地面）　ぬのじ（布地）　ずが（図画）　りゃくず（略図）

6　次のような語は、オ列の仮名に「お」を添えて書く。

㈲　おおかみ　おおせ（仰）　こおり（氷・郡△）　いとおしい　おおい（多）　おおきい（大）　とおい（遠）

これらは、歴史的仮名遣いでオ列の仮名に「ほ」又は「を」が続くものであって、オ列の長音として発音されるか、オ・オ、コ・オのように発音されるかにかかわらず、オ列の仮名に「お」を添えて書くものである。

付記　次のような語は、エ列の長音として発音されるか、エイ、ケイなどのように発音されるかにかかわらず、エ列の仮名に「い」を添えて書く。

㈲　かせいで（稼）春めいて　へい（塀）　れい（例）えいが（映画）　とけい（時計）　ていねい（丁寧）

おり、表音的な仮名遣いでありながら、歴史的仮名遣いを尊重している面がある。このことからいくつかの点でややわかりにくい箇所が残されている。

▶助詞…使用頻度が高いので、普段は意識しない問題であるが、助詞の「を」「は」「へ」は、「オ」「ワ」「エ」と発音する。しかし、「お」「わ」「え」とは表記しない。たとえば「コンニチワ」は「こんにちは」と書くこととされている。しかし、一方で同じ助詞の「は」であっても、「いまわの際（臨終の意味）」などという場合では、「は」は用いず、「わ」と書くとされている。

▶長音…長音の表記についてはオ段長音と、エ段長音、拗長音などが問題となる。オ段の長音である「王手」は「おうて」と書く一方で「大手町」は「おおてまち」と書く。エ段の長音は「姉さん」は「ねえさん」と書く一方で「時計」は「とけい」と書く。

また「言う」は「ユー」と発音されるが、「いう」と書く。同様の音環境で生じる拗長音は「かりゅうど」「うつくしゅうございます」などの場合は「ゅう」を用いる。

▶語源意識…同じ音声であっても、語源意識の有無でその仮名を書き分けるきまりがある。たとえば、「たづな」「はなぢ」には「綱」「血」の意識があるために「つな」や「ち」の濁音である「づ」や「ぢ」を用い、これに対して「きずな」「いなずま」には「綱」「妻」の意識がみられないために、「づ」では

■「下官集」

一　嫌文字事
他人惣不然　又先達強無此事　只愚
意分別者　極僻事也　親疎老少　一
人無同心之人　尤可謂道理　況且当
世之人　所書文字之狼藉　過于古人
之所用来　心中恨之
緒之音　を　ちりぬるを書之仍欲用之
をみなへし　をとは山
をくら山　たまのを
をさゝ　をたえのはし
をくつゆ
てにをはの詞のをの字
尾之音　お　うゐのおくやまに書之故也
おく山　おほかた
おもふ　おしむ
おとろく　おきのは
おのへの松　花をおる
時おりふし
え　枝　むめかえ　まつかえ　たちえ
ほつえ　しつえ
江　笛ふえ
〈以下略〉

（東京大学国語研究室所蔵本より）

嫌文字事（大意）この仮名遣いは他人も先輩も言っていないことで、全く自分の意見であり、誰も同意する人がいないが、それは当然かもしれない。しかし、当世の人の書く文字の狼藉がはなはだしく、残念なことである。

築島裕『歴史的仮名遣い』（中央公論社、1986）より

※このあと、「え・へ・ひ・ゐ・いほ・ふ」の用例が示される。「を」と「お」は当時のアクセントによったことが研究されている。

なく「ず」を使うとしている。

▶漢字音…漢字音における「地面」「略図」など漢字音の濁音については古例にかかわらず「じめん」「りゃくず」などと「じ」や「ず」を用いる。

▶接尾語…接尾語には「ぢ」「づ」は使わないとする観点から、「営業中」は「えいぎょうちゅう」と書く一方で「ちゅう」が連濁した「世界中」は「せかいじゅう」と書き、「一人づつ」ではなく「一人ずつ」と書く。

実態としての現代の仮名遣いでは、学校教育での影響を強く受けて「現代仮名遣い」に基づく仮名遣いが普及しているが、上記のような同音の使い分けには誤例がしばしば見られる。

3 現代仮名遣い成立までの経緯

ところで、規範としての仮名遣いである「現代仮名遣い」は、どのような経緯で成立してきたものなのであろうか。

●仮名遣い書

▶定家仮名遣い…鎌倉時代の歌人・文献考証学者として著名な藤原定家以降行われてきた仮名遣い。藤原定家は『下官集』（1200頃、現存最古の記述とされる）で当時のアクセントや文献などを用いて表記の規範をまとめた。その後、行阿によって『仮名文字遣』(1363)が編まれ、その内容が増補された。

▶契沖仮名遣い…江戸時代初期、契沖は『和字正濫鈔』（1695）（図6-1）で、

図6-1『和字正濫鈔』

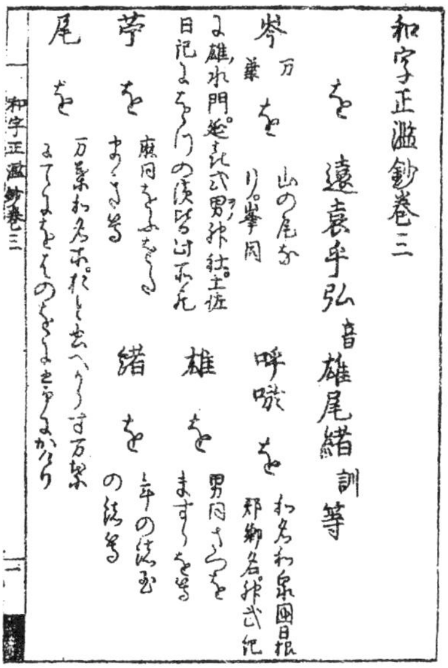

【翻字】 和字正濫鈔

和字正濫鈔　巻三

を　遠袁乎弘音　雄尾緒訓　等

岑　万葉　を　山の尾なり。峯同

呼唹　を　和名　和泉国日根郡郷名。神武紀に　雄ノ水門。延

喜式　男《ヲノ》神社。土佐日記に　をつの浜　皆此所歟

雄　を　男同　さつを　ますらを等

苧　を　麻同　をふ　をたまき等

緒　を　年の緒　玉の緒等

尾　を　万葉　和名等。おと書へからす　万葉に　てにをはのを

に　常にかけり

［出典］沖森卓也編『資料日本語史』（おうふう、1991）より

仮名遣いのみだれの少ない延喜・天暦(901-957) までの文献に基づいて、出典を示し、実証的な態度で語の規範的な表記をまとめた。

▶字音仮名遣い…江戸時代には、国学者や漢学者が漢字音の仮名遣いを理論的に研究し、その体系を整えていった。

その代表的な著作に本居宣長『字音《じおん》仮字用格《かなづかい》』(1775) (図6-2) がある。

●仮名遣いに対する意識の格差

これらの仮名遣いは、実際には歌人や国学者、漢学者といった教養層を中心として行われていたものであり、江戸時代の資料には、いくつかの傾向はあるものの、歴史的仮名遣いに合わない用例も多く見られる。

たとえば、江戸時代後期の滑稽本『浮世風呂』三編序文末には「仮名例」として

○申《まをす》を「もうす」訓　興隆《かうりふ》を「こうりう」音と書る類すべて婦女子の読易きを要とすれば音訓ともに仮字づかひを正さず

という箇所がある。ここからも、当時の読み書き能力には格差があったこと、オ段長音の混乱がその典型例であったことが知られる。

●明治時代以降

明治以降、政府としての統制と教育のための整備という観点から、歴史的仮名遣いが公用文や教科書で用いられた。

図6-2『字音仮字用格』

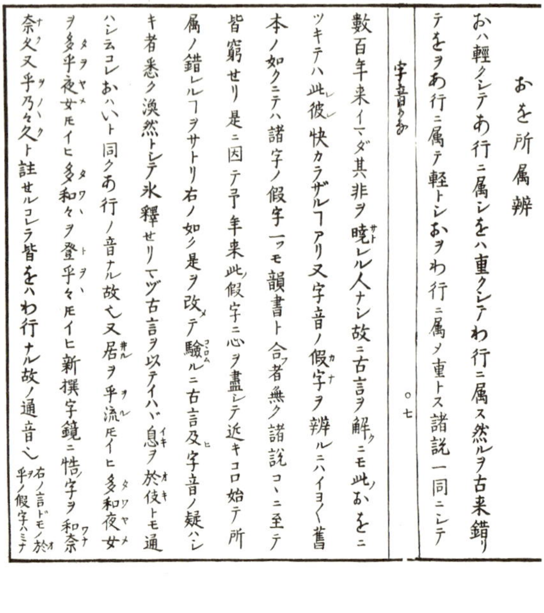
おを所属辨
おハ軽クシテあ行ニ属シをハ重クシテわ行ニ属ス然ルヲ古来錯リ
テをヲあ行ニ属テ軽トシおヲわ行ニ属メ重トス諸説一同ニシテ
数百年来イマダ其非ヲ暁《サト》レル人ナシ故ニ古言ヲ解クニモ此ノおをニ
ツキテハ此レ彼レ快カラザルヿアリ又字音ノ假字《カナ》ヲ辨ルニハイヨヽ舊
本ノ如クニテハ諸字ノ假字一ツモ韻書ト合フ者無ク諸説コヽニ至テ
皆窮せり是ニ因テ予年来此ノ假字ニ心ヲ盡シテ近キコロ始テ所
属ノ錯レルヿヲサトリ右ノ如ク是ヲ改メテ験《コロム》ルニ古言及ヒ字音ノ疑ハシ
キ者悉ク渙然トシテ氷釈せリマヅ古言ヲ以テイハヾ息《イキ》ヲ於伎《オキ》トモ通
ハシ云コレおハいト同クあ行ノ音ナル故也又居《ヰル》ヲ乎流《ヲル》トモイヒ多和夜女《タワヤメ》
ヲ多乎夜女《タヲヤメ》トモイヒ多和々《タワヽ》ヲ登乎々《トヲヽ》トモイヒ新撰字鏡ニ惜ノ字ヲ和奈《ワナ》
奈久《ナク》又乎乃々久《ヲノヽク》ト註せルコレラ皆をハわ行ナル故ノ通音也 右ノ言ドモノ於《オ》乎《ヲ》ノ假字ハミナ

※韻書を参照することで漢字音に理論的体系を与えた書。また本書は、五十音図において「お」がア行、「を」がワ行ということを示した。

[出典]『玉あられ、字音仮字用格』(勉誠社、1976) より

▶歴史的仮名遣い…古文献の用例に基づいた契沖仮名遣いを出発点として、その後の研究によって補訂されていったもの。本居清造編『疑問仮名遣』（1912、1915、国語調査委員会）によって、ほぼ完成したとされる。

▶棒引き仮名遣い…「小学校令施行規則」(1900) を受けて、国定教科書（第一期、1904-1909）（図6-3）では小学校の教科書の一部に「学校」を「ガッコー」、「病気」を「ビョーキ」とするような漢字音に対する表音的な長音表記が試みられた。これを棒引き仮名遣いと言う。これは、初学者にとっては、現実の発音とはかけはなれた「がくかう」や「びやうき」という表記は難しいという配慮から行われたものであったが、結果的に二通りの仮名遣いを覚えなくてはならないことなどにより、臨時仮名遣調査委員会で議論の末、廃止された（1908）。

▶民間での表音的な仮名遣い…その後、民間では、新聞の表記や辞書の見出し語などにも表音的な仮名遣いの試行錯誤があった。しかし、結果的に、表音的な仮名遣いが一般的に用いられるようになったのは第二次世界大戦後、「現代かなづかい」（1946）が制定されてからのことである。

「現代かなづかい」では、原則として「ゐ、ゑ、を」が「い、え、お」に統合された。また、「くわ、ぐわはか、がと書く」とされ、合拗音の表記も行われなくなる。

図6-3 棒引き仮名遣い

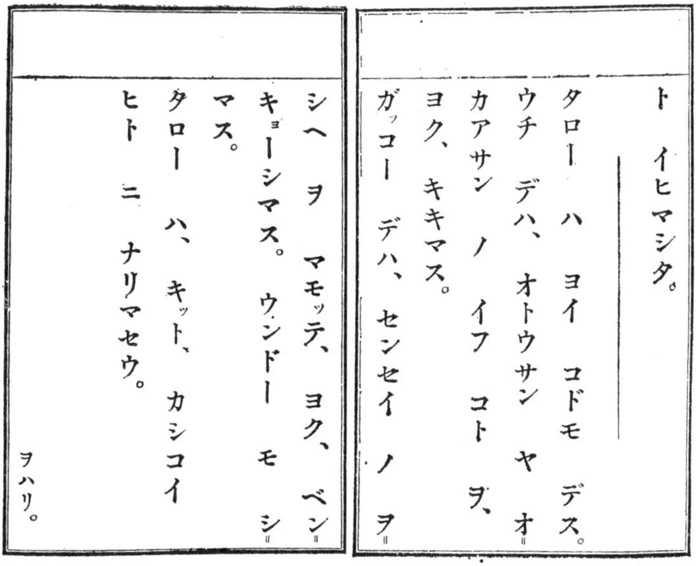
ト イヒマシタ。
タロー ハ ヨイ コドモ デス。
ウチ デハ、オトウサン ヤ オ＝
カアサン ノ イフ コト ヲ、
ヨク、キキマス。
ガッコー デハ、センセイ ノ ヲ＝
シヘ ヲ マモッテ、ヨク、ベン＝
キョーシマス。ウンドー モ シ＝
マス。
タロー ハ、キット、カシコイ
ヒト ニ ナリマセウ。
ヲハリ。

※「タロー」や「ガッコー」「ウンドー」など、漢語で長音に発音されるものは棒引きであるが、「オトウサン」「オカアサン」「ナリマセウ」などは棒引きにならない。

［出典］海後宗臣編『日本教科書大系 近代編 第六巻』（講談社、1964）より

第2節 送り仮名・振り仮名

1 送り仮名・振り仮名

●送り仮名

送り仮名は、漢字・漢語の読み方の後半部を提示することで、その読み方を補助的に特定する役割をもつ仮名表記である。これに対して振り仮名は漢字・漢語に読み方を直接明示する役割を担う仮名表記である。

たとえば、「生物」という漢語には「せいぶつ」「なまもの」「いきもの」などの読みが考えられるが、現行の表記では「生き物」と「き」という仮名を送ると「生」に「い（き）」という読み方が特定されることとなる。この「き」に当たるものが送り仮名である。

●振り仮名

振り仮名の場合は、「生物」という語に対して、漢字の傍（縦書きでは主に右）に「せいぶつ」または「なまもの」「いきもの」と小書きすることに

図6-4 振り仮名

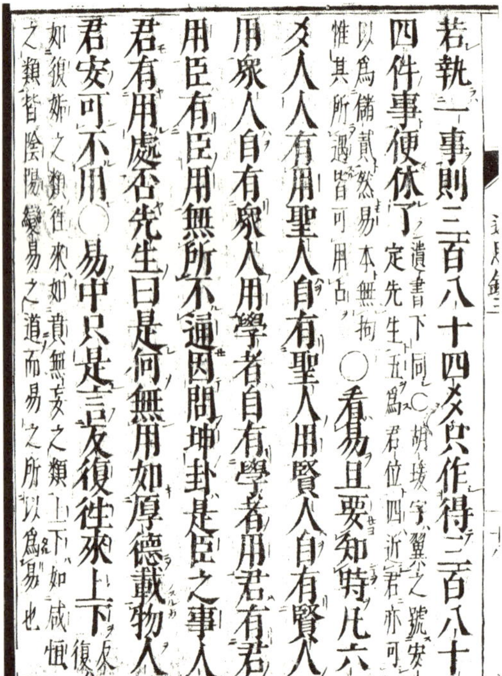
若執一事則三百八十四爻只作得三百八十
四件事便休了 遺書下同○胡瑗字翼之號安定先生五爲君位四近君亦可以爲儲貳然易本無拘惟其所遇皆可用占
○看易且要知時凡六
爻人人有用聖人自有聖人用賢人自有賢人
用衆人自有衆人用學者自有學者用君有君
用臣有臣用無所不通因問坤卦是臣之事人
君有用處否先生曰是何無用如厚德載物人
君安可不用○易中只是言反復往來上下 復
如復姤之類往來如賁無妄之類上下如咸恒之類皆陰陽變易之道而易之所以爲易也

（江戸時代版本『近思録』）

※4行目、5行目の「自」も右上に「ヲ」の文字が見える。「聖人には自ら聖人の用有り、賢人には自ら賢人の用有り、衆人には自ら衆人の用有り…」の「自」は「お（を）のずから」と読むことを示していると思われる。

よって、その読み方を特定する。

なお、振り仮名は、振り仮名用に多く用いられる約5.25ポイントの活字が欧文印刷のruby体というサイズに近かったため、印刷用語でルビとも呼ばれる。

2 送り仮名・振り仮名成立の背景

●送り仮名と振り仮名の連続性

送り仮名も振り仮名（傍訓とも）も、仏典・漢籍の読解や、音読のために付されたものなので、漢字の読み方や、それらと併せて用いられる助詞や助動詞などにあたる訓点を、行間や余白へ記入したことから生じた。そのため、送り仮名と振り仮名の境界がはっきりしない場合もある。なお、古くは送り仮名・振り仮名のほかに、読みの前半部を書き入れることで、読みの特定を助けるという例も見られる（図6-4）。これらは、読みを特定するという機能を分担するものであり、総称して捨て仮名（またはそえ仮名とも）などとも言われる。

●左右の振り仮名

一方、訓読には、音声としての読み方を表す面と語注として意味を表す面

図6-5『宝暦新撰　早引節用集』

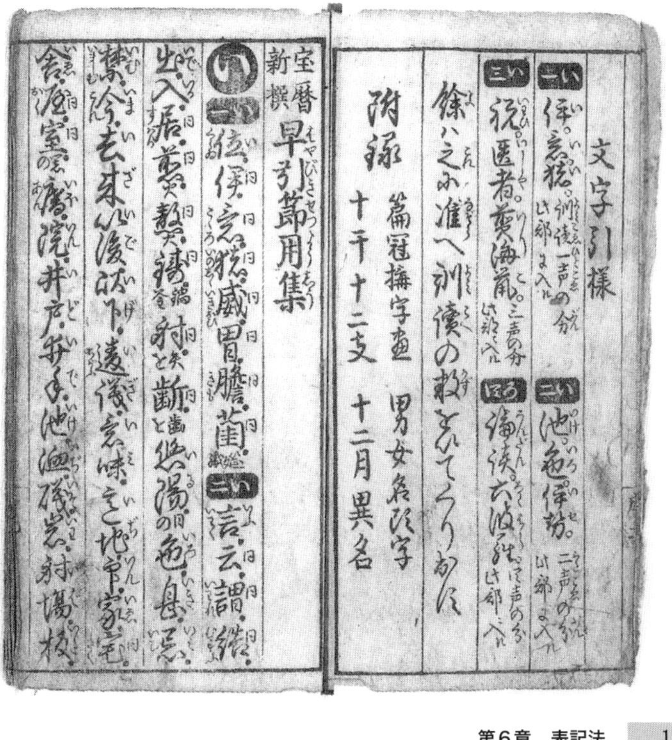

（東京学芸大学附属図書館望月文庫蔵）

※漢字の右と左に二通りの読み方が記されている。「位」のように右に音「い」があるものは左に訓「くらい」と書かれ、「今」のように右に訓「いま」があるものは左に音「こん」が書き入れられている。

がある。こうしたことから、振り仮名には、漢字・漢語の左右の両側に意味と音を左と右に分けて記入したり（図6-5）、口語と文語、外来語と漢語、外国語と日本語を対比させたりする例も見られ、幅広く運用されてきた（図6-6）。

●総ルビ・パラルビ

江戸時代以降、読者層が大衆に広がったことで、難読の文字だけでなく、ほとんどの漢字に振り仮名が振られるようになり、明治時代には、読者層にあわせて、大衆向けにはほぼ全部の漢字に振り仮名が付けられた。そのルビ表記を総ルビと言う（図6-7）。これに対し、難読語にのみルビを用いたものをパラルビと言う。

このように、送り仮名・振り仮名は補助的で臨時的なものであったため、江戸時代まではその法則や規範というものはほとんど重視されなかった。

●送り仮名・振り仮名についての議論

送り仮名のきまりについて意識されるようになるのは、明治以降、政府としての公用文の作成や国語教育における基準作成の必要に直面してからのこ

図6-6『欧洲奇事　花柳春話』

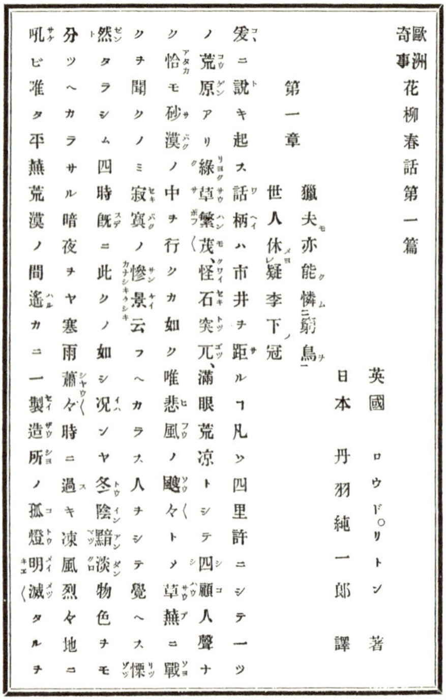
歐洲奇事花柳春話第一篇

英國　ロウド○リトン　著
日本　丹羽純一郎　譯

第一章

獵夫モ亦能ク憐ム窮鳥ヲ
世人休メヨ疑フ李下ノ冠

爰《コヽ》ニ説《ト》キ起ス話柄《ワヘイ》ハ市井ヲ距《サ》ルヿ凡ソ四里許ニシテ一ツノ荒原《コウゲン》アリ緑草繁茂《リヨクサウハンモ》《クサボフ〳〵》、怪石《クワイセキ》突兀《トツゴツ》、満眼荒涼トシテ四顧《シコ》人聲ナク恰《アタカ》モ砂漠《サバク》ノ中ヲ行クカ如ク唯悲風《ヒフウ》ノ颼《ソウ》々〳〵トシテ草蕪《サウブ》ニ戦《ソヨ》クヲ聞クノミ寂寞《セキバク》ノ惨景《サンケイ》《カナシキケシキ》云フヘカラス人ヲシテ覺ヘス慄《リツ》然《ゼン》《ゾツト》タラシム四時既《スデ》ニ此クノ如シ況《イハ》ンヤ冬陰《トウイン》黯淡《アンタン》《マツクロ》物色ヲモ分ツヘカラサル暗夜ヲヤ寒雨蕭々《シヤウ〳〵》時ニ過《ス》キ凍風烈々地ニ吼《サケ》ビ准タ平蕪荒漠ノ間遙《ハル》カニ一製造《セイザウ》所《シヨ》ノ孤燈《コトウ》明滅《メイメツ》《キエ》〳〵タルヲ

※外国の小説を翻訳したもの。本文2行目「緑草繁茂」には右側に「リヨクサウハンモ」とあり、左側には「クサボフ〳〵」、本文4行目「惨景」には右側に「サンケイ」、左側に「カナシキケシキ」とある。漢語の読みを右側に、その意味を左側に書いている。

［出典］『明治初期翻訳文学選『欧洲奇事　花柳春話　初編』』（雄松堂書店、1978）より

とである。実用重視でなるべく少なく送る立場と教育的配慮などから多く送る立場から諸案が提出され、これらの間を埋める試行が繰り返された。

振り仮名をめぐる議論としては、山本有三が『戦争と二人の婦人』(1938)の巻末で総ルビに対して反論し、なるべくルビの必要がない文章を書くことを実践・提唱している。

3 現代の送り仮名・振り仮名

●送り仮名のきまり

現行の表記は第二次世界大戦後、総理庁・文部省による「公文用語のてびき」の「送りがなのつけ方」(1947、1949改訂)、「送りがなのつけ方」(1959、内閣告示)、「送り仮名の付け方」(1973年・1981年に一部改正、内閣告示、2010年に一部改正)を経て、これに基づいて行われている。

●原則と許容

現行の「送り仮名の付け方」について見ていくと、まず、活用の有無ということが重視され、以下のことを基本として、その例外や許容についての規則が定められている。

・活用のある語(動詞・形容詞・形容

図6-7『仮名読新聞』

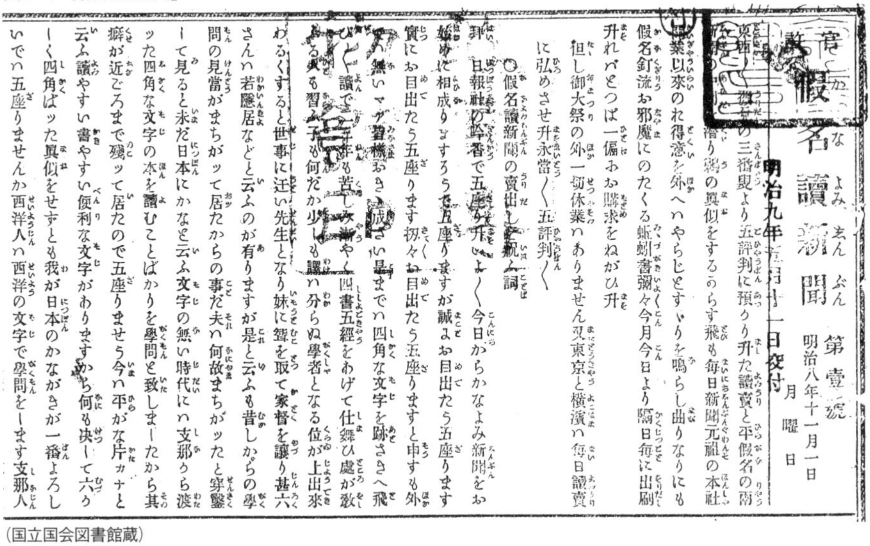

假名讀新聞《かなよみしんぶん》 第壹號 明治八年十一月一日 月曜日

明治九年[illegible]月廿一日交付

[illegible]の三番叟《さんばそう》より五評判《ごひやうばん》に預《あづ》かり升《まし》た讀賣《よみうり》と平假名《ひらがな》の兩[illegible]の眞似《まね》をするのらす飛《とび》も毎日新聞元祖《まいにちしんぶんぐわんそ》の本社《ほんしや》開業以來《かいぎやういらい》のれ得意《とくい》を外《ほか》へハやらじとすゞりを鳴《な》らし出りなりにも假名釘流《かなくぎりう》お邪魔《じやま》にのたくる蚯蚓書《みゝずがき》彌々《いよ〳〵》今月今日より隔日毎《かくじつごと》に出刷升《まを》れバとつば一偏《ひとへ》おお購求《もとめ》をねがひ升《まを》

但《たゞ》し御大祭《おまつり》の外《ほか》一切休業《せつきうげふ》ハありません又《また》東京《とうきやう》と横濱《よこはま》ハ毎日讀賣《よみうり》に弘《ひろ》めさせ升永當《ますえいとう》く〳〵五評判《ごひやうばん》く〳〵

○假名讀新聞《かなよみしんぶん》の賣出《うりだ》し祝《いは》ふ詞《ことば》

拜《はい》日報社《にっぽうしや》の吟香《ぎんかう》で五座《ござ》り升《ます》よ〳〵今日《こんにち》からかなよみ新聞《しんぶん》をお始《はじ》めに相成《あひな》りますろうを五座《ござ》りますが誠《まこと》にお目出《めで》たう五座《ござ》ります實《じつ》にお目出《めで》たう五座《ざ》ります扨々《さて〳〵》お目出《めで》たう五座《ざ》りますと申《もう》すも外《ほか》[illegible]無《な》いマア[illegible]おき[illegible]成さい是までハ四角《しかく》な文字《もじ》を跡《あと》さきへ飛《さ》び[illegible]讀《よん》で[illegible]年《ねん》も苦《く》しみ漸《やう》やく四書五經《ししよごきやう》をわけて仕舞《しま》ひ處《ところ》が[illegible]る[illegible]も習ふ子も何だか少しも譯《わけ》ハ分《わか》らぬ學者《がくしや》となる位《くらゐ》が上出來《じやうでき》わるくすると世事《せじ》に迂い先生となり妹《いもうと》に聟《むこ》を取て家督《かとく》を讓《ゆづ》り甚六《じんろく》さんハ若隱居《わかいんきよ》などと云《い》ふのが有《あ》りますが是《これ》と云《い》ふも昔《むかし》からの學《がく》問《もん》の見當《けんたう》がまちがッて居《ゐ》たからの事《こと》だ夫《それ》ハ何故《なにゆゑ》まちがッたと穿鑿《せんさく》して見《み》ると未《いま》だ日本《につぽん》にかなと云《い》ふ文字《もじ》の無《な》い時代《じだい》にハ支那《しな》から渡《わた》ッた四角《しかく》な文字《もじ》の本《ほん》を讀《よ》むことばかりを學問《がくもん》と致《いた》しましたから其《その》癖《くせ》が近《ちか》ごろまで殘《のこ》ッて居《ゐ》たので五座《ざ》りませう今《いま》ハ平《ひら》がな片《かた》カナと云《い》ふ讀《よみ》やすい書《かき》やすい便利《べんり》な文字《もじ》がありますから何《なに》も決《けつ》して六《むつ》ヶしく四角《しかく》ばッた眞似《まね》をせずとも我《わ》が日本《につぽん》のかながきが一番《ばん》よろしいでハ五座《ざ》りませんか西洋人《せいやうじん》ハ西洋《せいやう》の文字《もじ》で學問《がくもん》をします支那人《しなじん》

(国立国会図書館蔵)

横浜毎日新聞会社から発行された新聞。仮名垣魯文が編集を担当したとされる。同時期の同趣旨の新聞に『平仮名絵入新聞』『読売新聞』などがある。明治前期のこのような大衆向けの新聞を「小新聞(こしんぶん)」と言い、これに対して、教養層の読む新聞を「大新聞(おおしんぶん)」(『東京日日新聞』『郵便報知新聞』など)と言った。

動詞)は活用語尾を送る
・名詞は送り仮名を付けない
・副詞・連体詞・接続詞は最後の音節を送る

全体としては送り仮名を少なくし、慣習からも逸脱しない方針が示されている。

●振り仮名のきまり

振り仮名に関しては、公的な基準は示されてないが、現行の公用文や新聞では、漢字や送り仮名などに関する各種のきまりが整備され、振り仮名を必要としない表記が前提となっている。なお、「常用漢字表」(2010年答申)では「必要に応じ、振り仮名等を用いて読み方を示すような配慮を加えるなどした上で、表に掲げられていない漢字を使用することもできるものである」としており、振り仮名が漢字のあり方と密接にかかわっていることが読みとれる。

●意識的な利用

固有名詞や専門分野の漢字を使用する場合には振り仮名が必要とされることがある。また、歌謡曲の歌詞や小説など特殊な表現を意図する場合には、読み方に漢字を当てるような表記がなされる(東海林《しょうじ》、口腔《こうくう》、微温湯《ぬるまゆ》、大口《ビッグマウス》)。

■「送り仮名の付け方」抜粋

1　活用のある語

＜通則1・略＞通則2

本則　活用語尾以外の部分に他の語を含む語は、含まれている語の送り仮名の付け方によって送る。(含まれている語を〔　〕の中に示す。)

㈲

⑴　動詞の活用形又はそれに準ずるものを含むもの。

動かす〔動く〕　照らす〔照る〕　語らう〔語る〕　計らう〔計る〕　向かう〔向く〕　浮かぶ〔浮く〕　生まれる〔生む〕　押さえる〔押す〕　捕らえる〔捕る〕　勇ましい〔勇む〕　輝かしい〔輝く〕　喜ばしい〔喜ぶ〕　晴れやかだ〔晴れる〕　及ぼす〔及ぶ〕　積もる〔積む〕(以下用例略)

⑵　形容詞・形容動詞の語幹を含むもの。

重んずる〔重い〕　若やぐ〔若い〕　怪しむ〔怪しい〕　悲しむ〔悲しい〕　苦しがる〔苦しい〕　確かめる〔確かだ〕　重たい〔重い〕　憎らしい〔憎い〕　古めかしい〔古い〕　細かい〔細かだ〕　柔らかい〔柔らかだ〕　清らかだ〔清い〕　高らかだ〔高い〕　寂しげだ〔寂しい〕

⑶　名詞を含むもの。

汗ばむ〔汗〕　先んずる〔先〕　春めく〔春〕　男らしい〔男〕　後ろめたい〔後ろ〕

許容　読み間違えるおそれのない場合は、活用語尾以外の部分について、次の(　)の中に示すように、送り仮名を省くことができる。

㈲　浮かぶ(浮ぶ)　生まれる(生れる)　押さえる(押える)　捕らえる(捕える)　晴れやかだ(晴やかだ)　積もる(積る)　聞こえる(聞える)　起こる(起る)　落とす(落す)　暮らす(暮す)　当たる(当る)　終わる(終る)　変わる(変る)

(注意)　次の語は,それぞれ〔　〕の中に示す語を含むものとは考えず、通則1によるものとする。

明るい〔明ける〕　荒い〔荒れる〕　悔しい〔悔いる〕　恋しい〔恋う〕

＜以下、通則3から7・略＞

第3節　外来語の書き方

1　外来語とは

外来語は、固有名詞・地名など外国から入ってきたことばで、日本語の語彙体系には元々存在しないことばのことである。

2　漢字による表記

古くは梵語や漢語が外来語として、中国を経由して伝来したため、当初、外来語は漢字表記のままに採り入れられて日本語としてそのまま使用されてきた。中国以外の外国語についても、明治以降も漢字を用いた表記がなされることがある。このような例は固有名詞や地名表記などに多く見られる。

また「粁（キロメートル）」や「糎（センチメートル）」、「瓱（ミリグラム）」などのように国字として作られた漢字が当てられることもある。

図6-8『西洋紀聞』

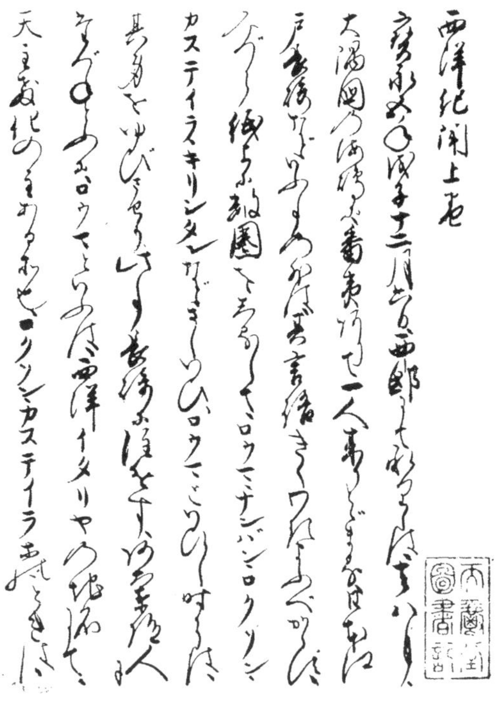

（国立公文書館蔵）

【翻字】

西洋紀聞　上巻

宝永五年戊子十二月六日、西邸にて承りしは、去八月、
大隅国の海島に、番夷ありて一人来りとゞまる、日本江
戸長崎などいふ事の外は、其言語きゝわきまふべからず、
みづから紙上に数圏をしるして、ロウマ、ナンバン、ロクソン、
カステイラ、キリシタンなどさしいひ、ロウマといひし時には、
其身をゆびさせり、此事長崎に注進す、阿蘭陀人に
たづねとふに、ロウマといふは、西洋イタリヤの地名にて、
天主教化の主ある所也、ロクソン、カステイラ等のごときは、
（いかにも心得がたしといふ）

※本文4行目ロクソンはフィリピンのルソン島のことである

3 片仮名による表記

現在のように外来語を片仮名で表記するようになった早い例としては江戸時代の中期、新井白石の『西洋紀聞』(1715) が知られている（図6-8)。その後、片仮名が用いられる例が増加し、現行の表記では、これが一般的である。

▶傍線の併用…明治初期には、外来語の漢字・カタカナ表記に加え、地名や人名に傍線が付される例が見られる（図6-9)。

▶特殊な片仮名の使用…仮名遣いとの関係もあるが、明治・大正の文献には、外来語表記の際に「ヷ」「ヸ」、「ヂ」、「ヰ」、「ヱ」（ヷイオリン、ビルヂング、ウヰスキー）などの仮名も用いられている。このうち現行で認められている仮名表記は「ヴ」を用いた表記のみである。「ヴ」の文字は、キリシタン資料にも例が見られ、表記を定着させたのは福沢諭吉であるとする説がある。

4 外来語の表記のきまり

現在は、英語や外国語を学ぶ人や、原語の綴り・発音を知る人が増加し、比較的、原語に近い表記が行われるようになっている。

図6-9『新説 八十日間世界一周』

新説 八十日間世界一周

佛人 ジエル、ヴエルヌ氏 原著

第壹回

千八百七十二年中ニ龍動ボルリントン公園傍サヴヒルロー街第七番
ニ於テ千八百十四年中シエリダンガ物故セシ家ニ同府改進舍ノ社員
ニテ自身ハ勉メテ行狀ノ人ノ目ニ立タヌ樣注意シアリシモ何時トナ
ク奇僻家ノ名聞轟キケルフアイリースフヲッグ氏ト稱スル一紳士ゾ
住ヒケル
彼ノ大英國ノ光榮トモ云フベキ雄辨家ノ跡ヘ引續キ來リシフヲッグ
氏ハ沈毅自重曾テ其履歷ヲ知ル者アルナシ其動作ノ優美ナルハ眞ニ
是レ英吉利上等社會ノ花トモ云フベキ紳士ナリ人曾テ氏ヲ評シテビ
ロンニ似タリト云唯其異ナル處ハビロンニシテ美髯アルト千歳ヲ經

（国立国会図書館蔵）

※ジューヌ・ベルヌ著の翻訳。人名や地名が片仮名書きや漢字表記（龍動（ロンドン）など）で書かれ、人名には傍線が地名には二重傍線が引かれている。

外来語の表記についての現行のきまりには「外来語の表記」(1991、内閣告示)(表6-1)があり、適用事項が定められている。用例集も付されているが、語形のゆれに対する自由度は高く、強制力のあるきまりではない。

5 日本語で表記する際の問題

●語形のゆれ

外来語は現地の音に沿って表記されることを原則としているが、どの言語の発音によってどのように書き留めるか、ということによってさまざまな語形が出現する。

▶原語の出自によるもの…「seminar」は英語式の発音から「セミナー」、ドイツ語式の発音から「ゼミナール」と表記する。

▶聞き取り方の違いによるもの…フランス語の「concierge [kɔ̃-sjɛrʒ]」を「コンシェルジェ」「コンシェルジュ」と表記する。

▶発音と綴り字の関係から…「report [ripɔ(ː)t]」を発音に近い「リポート」のほかに、「re」の綴りから「レポート」と表記する。

▶発音のゆれから…英語のcomputer [kəmpjuːtə(r)] の発音のゆれから「コンピュータ」「コンピューター」と表記する。

▶定着の時期・度合い…外来語がどの程度定着しているか、いつ定着したのか、どの程度固定して用いられるのか、ということによっても表記が異なる例が見られる。比較的早い時期に語形が定着したものは、日本語化した語形で用いられることが多い。たとえば「ベット(bed)」や「ドック(dog)」などの促音(ッ)の直後の「d」や「g」の表記は、清音で表記される例が多かっ

表6-1「外来語の表記」(1991年6月28日内閣告示2号)

第1表(抜粋、特殊音素の一部)

			シェ	
			チェ	
ツァ			ツェ	ツォ
	ティ			
ファ	フィ		フェ	フォ
			ジェ	
	ディ			
		デュ		

第2表

			イェ	
	ウィ		ウェ	ウォ
クァ	クィ		クェ	クォ
	ツィ			
		トゥ		
グァ				
		ドゥ		
ヴァ	ヴィ	ヴ	ヴェ	ヴォ
		テュ		
		フュ		
		ヴュ		

たが、近年は「ベッド」「ドッグ」と濁音を用いて表記されることが多い。

一方、シェ [ʃe] ジェ [je] やティ [ti] ディ [di] などは、現代語では一般的なものとなっている。これは、発音そのものとして、過去の日本語や方言としても使われており、外来語の表記に際してその音声を受け入れる環境があったと考えることができる。

6 外国人学習者の不便

上述のように、外来語は、一度日本語の音韻体系に当てはめて変換したものを表記するために、原語との違いがかなり大きい場合がある。

具体的には、[a] [æ] [ʌ] [ə] が「ア」となり、[r] [l] がラ行の文字に、また一方で「c」はサ行、カ行の音に変換するような対応となる。

また、日本語が子音と母音で一つの音節を形成するという構造であるために、原語の語形を変形してしまうことがある。

たとえば「pencil」などは「ペンシル」となるが、原語の発音である [pensl] とはかなり隔たりがある。さらにアクセントも日本語化することにより、外国人の日本語学習には困難が伴う。

このほか、カタカナ表記からは意味の推測ができないことや、辞書に掲載されるものが少数であること、なども外来語の習得が難しいことの原因となっている。

■外国名・地名の漢字表記

インド	印度
トルコ	土耳古
フィリピン	比律賓
ペルシア	波斯
エジプト	埃及
イギリス	英吉利
オーストリア	澳太利
デンマーク	丁抹
スウェーデン	瑞典
ポルトガル	葡萄牙
ベルギー	白耳義
ローマ	羅馬
メキシコ	墨西哥
アルゼンチン	亜爾然丁
オーストラリア	濠太剌利亜
ニュージーランド	新西蘭

[出典] 宛字外来語辞典編集委員会編『宛字外来語辞典』(柏書房、1979) より

■ゲーテの表記例

詩人のゲーテ (Goethe) の日本語表記が、あまりにもたくさん存在することを揶揄したものに「ギョエテとはゴエテのことかとゲーテいい」などの言い回しがある。

- ゲーテ：巌谷小波『丁亥日録』1887
- ギェーテ：加藤弘之『進化学より見たる哲学』1910
- ギュエテ：末松謙澄『歌楽論』1884 - 85
- ギョエテ：島崎藤村『春』1908
- ギョオテ：森鷗外『うたかたの記』1890
- ゴエテ：菊池大麓訳『修辞及華文』1884 - 85
- 瓜得《ギエーテ》：加藤弘之『人権新説』1882

このほか、ギョーテ、ギューテ、ギョウテ、グーテー、ゲエテ、ゲエテエ、ゲエテー、ゴエーテ、ゴヱテ、ゴヱテー、我義的など多数。

[出典] 稲垣達郎編『明治文学全集』別巻総索引 (筑摩書房、1989) より

第4節 漢字政策

1 戦前までの漢字政策の歴史

江戸時代から、一部の思想家（安藤昌益）や蘭学者、国学者らによって、日本語の表記において漢字は廃止すべきだという主張が現れる。明治に入る頃には、前島密《ひそか》ほか有識者の間で、漢字廃止論がまき起こり、政府も国語政策の一つとして、漢字を整理することを検討してきた。1900年の小学校令施行規則により、尋常小学校で教える漢字が1200字以内に制限されるようになり、1919年に文部省は「漢字整理案」を示した。1923年に臨時国語調査会は1962字からなる「常用漢字表」を発表したが、関東大震災が発生したため新聞などで実施ができなかった（1931年に修正もなされた）。

1926年には「字体整理案」も示している。それに続き発足した国語審議会も、1938年に「漢字字体整理案」を答申し、さらに1942年には「標準漢字表」2528字を答申し、文部省が修正を加えたが、戦時体制下で反対意見も強く、実効力のないものとなった。

2 戦後の漢字政策

戦後、国語審議会は従来の案を元に再検討し、民主化を進展させるためにGHQに招かれたアメリカ教育使節団により日本語表記のローマ字化の提言(1946)がなされる中で、1946年に「当用漢字表」を策定し、字種を1850字にまで制限した。これが内閣告示、訓令となって世に公布された。

1948年には個々の字に対する読みを示す「当用漢字音訓表」が、1949年にはその字体として一部に簡易字体を採用するなどした「当用漢字字体表」が策定され、内閣告示、訓令となった。ここに当用漢字の字種、音訓、字体が政策として揃ったことになる（表6-2）。

同年に、国語審議会は義務教育で学習する「当用漢字別表」881字も作成し、告示・訓令となった（1977年、1989年に改定される。教育漢字、学習漢字とも言う）。またその年には、日本国民に大規模な読み書き能力の調査が行われ、識字率は98％近くに達していることが判明した。

この一連の漢字制限は、一般の社会生活で用いる漢字に留まらず、法務省は1948年から子の名に使える漢字(表6-4)も、「当用漢字表」にある字だけに制限した。このため、窓口では命名をめぐる混乱があい次ぎ、1951年には「人名用漢字」として92字が国語審議会によって制定され、内閣告示、訓令となり、子の名に使える字種が拡大した（図6-10)。

表6-2「当用漢字字体表」

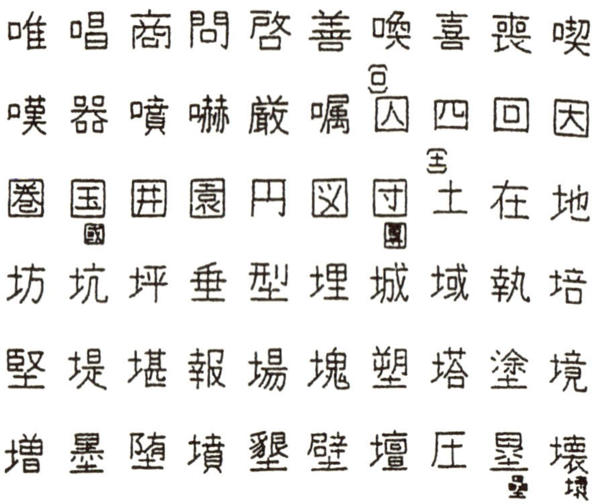

表6-3 改訂された「常用漢字表」

漢　字	音　訓	例	備　考
亜（亞）	ア	亜流，亜麻，亜熱帯	
哀	アイ	哀愁，哀願，悲哀	
	あわれ	哀れ，哀れな話，哀れがる	
	あわれむ	哀れむ，哀れみ	
愛	アイ	愛情，愛読，恋愛	
悪（惡）	アク	悪事，悪意，醜悪	
	オ	悪寒，好悪，憎悪	
	わるい	悪い，悪さ，悪者	
握	アク	握手，握力，掌握	
	にぎる	握る，握り，一握り	
圧（壓）	アツ	圧力，圧迫，気圧	
扱	あつかう	扱う，扱い，客扱い	
安	アン	安全，安価，不安	
	やすい	安い，安らかだ	
案	アン	案文，案内，新案	
暗	アン	暗示，暗愚，明暗	
	くらい	暗い，暗がり	
以	イ	以上，以内，以後	
衣	イ	衣服，衣食住，作業衣	浴衣（ゆかた）
	ころも	衣，羽衣	
位	イ	位置，第一位，各位	「三位一体」，「従三位」は，「サンミイッタイ」，「ジュサンミ」。
	くらい	位，位取り，位する	

■ JIS漢字の問題点

• 字種の不足

(1)いずれのJIS規格にもない
旗　福島県郡山市旗巻平《はたまきだいら》（地名）

(2)JIS第１～第４水準にはない
榨　榨菜（「補助漢字」にはある）

(3)第１・第２水準にはない
橳　橳島（ぬでしま・ぬでじま　姓・地名）
彅　草彅（くさなぎ　姓）
鄧　鄧小平（姓［中国］）
樏　樏（かんじき　名詞）
捥　捥ぐ（もぐ　動詞）

• 字体・包摂規準

(1)区別したいという字体・字形が表現できない
髙　高
𠮷　吉
骨　骨

(2)異体字が規準を超えるなどして豊富に採用されたものもある
剣　劍　劒　劔　剱　釼
飮　飲
顏　顔
熙　煕
凜　凛

• 幽霊文字の採用
妛（←岺）（地名　岺原（あけんばら））
椦（←橳）（地名　橳島（ぬでしま・ぬでじま））

一方、当用漢字は、実施後間もなく新聞社側から補正を要求され、国語審議会は1954年に「当用漢字補正案（補正資料）」を示し、新聞紙面ではこれに沿った表記がなされるようになる（附属→付属、箇条書き→個条書き、遵法→順法、など。2010年に一部が元に戻された）。1958年には文部省が「筆順指導の手びき」を示し、書き順の指導の参考とされた。

国語審議会の内部では、改革派と保守派との摩擦が大きかったが、吉田富三委員の漢字仮名交じりを前提とした審議を行うという提案（1962）を受け、審議会会長（1965）、文部大臣（1966）がそれを追認する意見を表明し、日本語のローマ字化やカタカナ化の可能性はいったんついえた。国語審議会は1972年に「当用漢字改定音訓表」を答申し、翌年に内閣告示、訓令によって公布された。ここで、示された音訓が「目安」と位置付けられた。そして、1981年には「当用漢字表」を廃止し、代わって「常用漢字表」を策定、同様に公布された。ここに制限的な性質は排され、漢字使用の「目安」としての漢字表に変わった（表6-3）。

3 周辺に位置する漢字政策

戦後、漢字政策は文部（科学）省が中心に実施してきたが、人名用漢字は次第に法務省、そしてコンピュータで扱われるJIS漢字は経済産業省、と3つの省庁が所管するようになる。

手書きと活字という時代を経て、コンピュータの急速な普及によって、文字を使用する環境が大きく変化した。1978年には、日本工業規格として通

■**用法・表記**

音訓も、当用漢字音訓表で定められて以来、次第に増加しつつある。世の中での使用実態や表記の合理性などを考慮し、「電車が込む」に「混む」を追認するなど、改定された常用漢字表でも追加や削除が行われた。熟字訓のたぐいには、当て字や1語だけのための特異な読みを含むものも含まれている。

当用漢字表の制限によって、「叡智」を「英知」とするたぐいの書き換えが定着に向かった。削除される音訓よりも追加される音訓のほうが多くなっている。現実の文字生活の実態をある程度まで反映したものとなっているが、「お腹」（おなか）「寿司」など、社会一般で目にし、用いられているものでもなお採用されないものも当て字の一種であり、多くは戦前から見られるものである。

同訓異字も、厳密な運用には困難が伴うことがある。たとえば、選手を「かえる」という語を表記する際に、「変える」ではなさそうだが、「替える、代える、換える」のどれが妥当か、迷った結果、「かえる」と仮名に開く、ということがマスメディアでも行われている。

・書き換え（代用字）の例*
銓衡→選考
白堊→白亜★
恰好→格好★
義捐金→義援金★
交叉→交差
熔岩→溶岩
貫禄→貫録★
日蝕→日食
稀少→希少
短篇→短編
衣裳→衣装
廻転→回転
*1956年国語審議会報告（★はそこにない日本新聞協会などによるもの）

産省（現在の経産省）がJIS漢字第1水準、第2水準合計6349字「JIS C 6226」を制定した（後にJIS X 0208と改称）。人名用漢字は、一般からの要望を受けてその後も追加が続いており、1983年のJIS漢字の改正では4字の人名用漢字が追加されるなど、政策間の関係が綿密に図られていく。

JIS漢字は、日本人の日常の文字使用への影響も強まってきた。特に、1983年のJIS漢字改正における字体の変更（鷗→鴎、瀆→涜など）により、常用漢字表にない漢字の字体についての問題が表面化し、情報機器の普及に伴って大きな話題となった。JIS漢字は、1997年の改正により、字体の包摂規準や採用の典拠について明確化を図るなど、JIS漢字のもつ問題点を示した。

こうして常用漢字表外の漢字（表外字）の使用は頻繁になってきたが、その字体についてはかねてより明示的な規範がなく、社会の各方面で独自に字体を決めたことによる字体の不統一（「摑」か「掴」か、「麵」か「麺」かなど）が社会的問題となった。そこで国語審議会は、2000年に「表外漢字字体表」を答申し、いわゆる康熙字典体を印刷時の標準とする原則を決めた。JIS漢字は2004年に「JIS X 0213」でそれに対応した。

「表外漢字字体表」の制定に際し国語審議会は、人名用漢字は世間に字体の標準として扱われている傾向を受けて、その字体を追認した。一方、法務

表6-4 人名に用いられる漢字

よし	一1-16-76	2	价1-48-35	21
	万1-43-92	4	住1-29-27	22
	与1-45-31	4	伸1-31-13	22
	且1-19-78	5	伯1-39-76	23
	世1-32-04	5	佑1-45-04	23
	乩1-14-03	6	伶1-46-66	23
	中1-35-70	6	依1-16-45	25
	丰1-14-06	7	佳1-18-34	25
	久1-21-55	8	佼1-24-83	25
	之1-39-23	8	使1-27-40	25
	了1-46-27	11	佶1-48-43	26
	交1-24-82	13	侯1-24-84	28
	亨1-21-92	14	俊1-29-51	28
	亮1-46-28	14	信1-31-14	28
	介1-18-80	16	保1-42-61	28
	仁1-31-46	16	侚2-01-46	28
	仍1-48-27	17	候1-24-85	30
	代1-34-69	18	倖1-24-86	30
	令1-46-65	18	修1-29-04	30
	伊1-16-43	19	倫1-46-49	31
	休1-21-57	19	俶1-48-72	32
	任1-39-04	20	倩1-48-74	32

［出典］芝野耕司『増補改訂　JIS漢字字典』索引（日本規格協会、2002）より（部分）

図6-10 人名用漢字の改正

省令

○法務省令第七十三号

戸籍法（昭和二十二年法律第二百二十四号）第百二十五条の規定に基づき、戸籍法施行規則の一部を改正する省令を次のように定める。

平成九年十二月三日

法務大臣　下稲葉耕吉

戸籍法施行規則の一部を改正する省令

戸籍法施行規則（昭和二十二年司法省令第九十四号）の一部を次のように改正する。

別表第二中「琢」を「琢　琉」に改める。

（1997年12月3日付官報）

省は2004年に、人名用漢字では字体の標準を定めていないとし、488字の人名用漢字を増加した際に、従来の205字の許容字体（康熙字典体）も人名用漢字として昇格させ、裁判を経て「穹」「祷」を追加し、常用漢字の改定を受けて現在では861字（体）となっている。

4 戦後の漢字政策の内容

●字種

「常用漢字」の前の「当用漢字」は、1850字以外の漢字は使わないという制限色の強いものであったが、「常用漢字」は「目安」となり、他も「標準」という価値判断を含む用語を避け、「よりどころ」と位置付けられている。

・当用漢字表　1946年　1850字
・常用漢字表　1981年　1945字
・(改定)常用漢字表　2010年　2136字

法令、公文書、マスメディアなど一般での使用漢字を示す、戦後の漢字政策を代表する「当用漢字表」は、1981年に制定された「常用漢字表」

図6-11『西説医範提綱釈義』

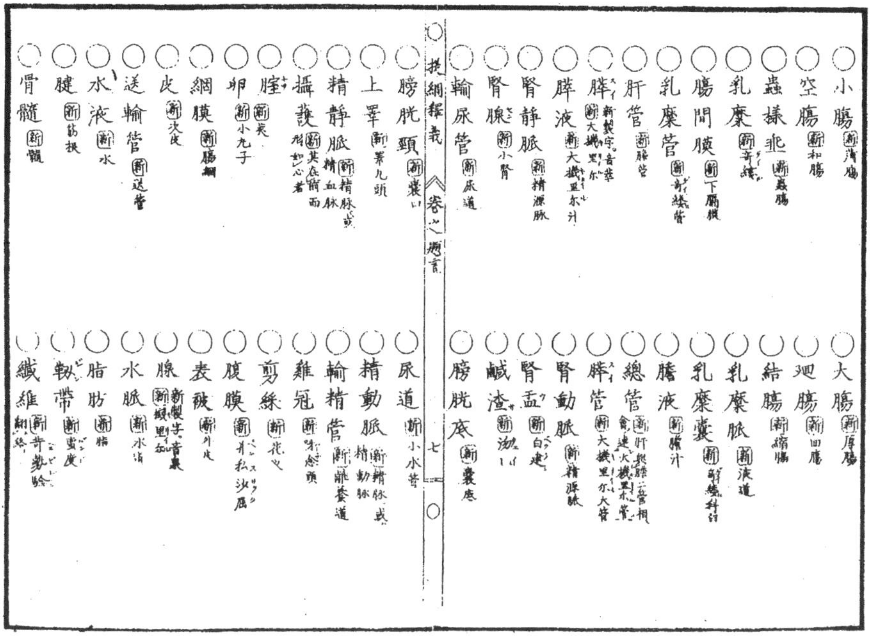

※2010年11月30日に「常用漢字表」に採用された「腺」という字は、200年ほど前に、宇田川榛斎がつくり出し、一人だけで使っていた国字であった。

（慶應義塾大学北里記念医学図書館富士川文庫蔵）　［出典］笹原宏之『国字の位相と展開』（三省堂、2007）口絵より

によって廃止された。その表に含まれる漢字を常用漢字と呼ぶ。その「常用漢字表」も、見直し作業が2005年から文化審議会国語分科会においてなされ、改定された「常用漢字表」は2010年に内閣告示・訓令となった。そこでは、情報化時代の進展に対応するために、191字の追加と5字の削除などが盛り込まれている。字種では、使用頻度が高くとも見送られてきた「誰」「頃」や「崖」「腺」などもある（図6-11）。「鬱」のような複雑な字も、情報機器で使われていることなどを踏まえて採用されている。

「（改定）常用漢字表」では、初めて固有名詞の漢字も一部採用することになった。宮崎、新潟、那覇などは、常用漢字表で普通名詞を表記するために採用されたものとされているが、結果的には県名や都市名をも常用漢字内で表記することができるようになっていた。「ケイ　京阪」「さき　○○崎」なども含まれてはいたが、改定常用漢字表では、都道府県名に含まれる「熊」「媛」「茨」「栃」などが採用された。姓に多用される「藤」は「葛藤」「藤（ふじ）・藤色」という普通名詞などのために採用された。「嬉」「嘘」など、訓読みでしか用いられないものなど、頻度数は高くとも採用に至らないものもある。

人名用漢字は、現行の「戸籍法」（1948施行）には、

第五十条　子の名には、常用平易な文

■戸籍法施行規則

第六十条　戸籍法第五十条第二項の常用平易な文字は、次に掲げるものとする。

一　常用漢字表（平成二十二年内閣告示第二号）に掲げる漢字（括弧書きが添えられているものについては、括弧の外のものに限る。）

二　別表第二に掲げる漢字

三　片仮名又は平仮名（変体仮名を除く。）

＊このように、常用平易な文字の範囲として平仮名、片仮名（運用上は一部の記号も）のほかに、常用漢字表に掲げる漢字、人名用漢字別表に掲げる漢字とし、「別表第二　漢字の表（第六十条関係）」（従来の人名用漢字別表）として具体的に861字種（字体）が示されている（2010年11月30日現在）。

■新生児の人気命名表

男子	順位	（昨年順位）	名前	人数	占率
	第1位	（第1位）	大翔	24人	0.59%
	第2位	（第6位）	悠真	21人	0.51%
	第3位	（第2位）	翔	18人	0.44%
	第4位	（第9位）	颯太	17人	0.42%
	〃	（第41位）	歩夢	〃	〃

女子	順位	（昨年順位）	名前	人数	占率
	第1位	（第6位）	さくら	22人	0.58%
	第2位	（第1位）	陽菜	21人	0.55%
	〃	（第5位）	結愛	〃	〃
	〃	（第55位）	莉子	〃	〃
	第5位	（第4位）	美桜	20人	0.53%

翔、颯、莉は人名用漢字。ほかにも上位にある蒼、瑛、蓮、葵、杏なども同様。

（明治安田生命調査（2010）より）

字を用いなければならない。

② 常用平易な文字の範囲は、法務省令でこれを定める。

と規定されており、「戸籍法施行規則」でも同じように記されている。人名用漢字は794字となっている。

「翔」「琉」のように採用された結果、実際の命名が激増するケースもある。名付けのこだわりとして、芸能人や各種の登場人物やそれらの名にあやかろうとして、新たな流行が生まれることがある。一方、制限により命名習慣に変化が生じることもある。

●字体

字体すなわち字の骨組みは、当用漢字表で、通行の略字が大幅に採用された。「仏」「沸」のような不統一は、戦後間もない時期における漢字の定着度の差によって字体にも差が生じていたことを反映している。常用漢字表でも、「挿」など略字が採用されたが、「竜」が「龍」の新字体とされたのに対して、「襲」のように整合しないものも増えた。「襲」は字体のバランスの関係で「竜」を上部に書くことがさほど定着していなかったとされる。

改定された「常用漢字表」でも、「亀」「麺」など一部に略字が採用されたが、多くは「塡」「賭」「謎」のようにいわゆる康熙字典体が「通用字体」とされた。これは、大手印刷会社などの印刷字体や国際的な文字コードなどとの関連によるものである。しんにょうと食偏では許容が示され、電子機器での例外を容認することも明記された。「塡」「箋」などには手書きの際に限って、略字も習慣を認め示された。

また、「鬱」のように29画に及ぶ字が入った。これは、情報化時代の電子機器を利用して書ける漢字という観点を象徴するものと言える。細部の差への抵抗感が示されることがあるのは、見るための文字と書くための文字という二重構造が筆で字を書いていた時代と異なり、一般に理解を得られがたくなっていることを示す。特に教育の立場を中心に漢字政策としての整合性を期待する意識が強いことがうかがえた。

■「鬱」の異体字

欝

＊JISでは「鬱」は第2水準で、こちらの俗字が第1水準。使用頻度は「鬱」よりも低くなっている。

＊中世の日本人には、簡単にこのように記す人がいたが、そのような人を「林四郎の無学」とそしることがあった。

＊江戸時代の蘭学者には、ここまで略して記す者もあった。
改定された「常用漢字表」では、現代の使用実態に即して、「鬱」が採用された。

第7章 文字と社会

第1節 印刷の歴史

1 印刷とは

印刷とは版を用いて墨やインキなどを塗り、紙などに圧をかけて版の文字や絵を再生する技術である。印刷は、版が作成されれば、複数の複製をつくることができるという点で、文化の普及に大きな役割を果たす技術である。

印刷の前身にあたるものとしては印や拓本がある。これは、金属や石などの凹凸を利用して、それを実物大に写し取るという技法である。

2 信仰の場における印刷

日本では、奈良時代末には、制作年代が明確な現存世界最古の印刷物とされる百万塔陀羅尼（770年）が印刷されている（図7-1）。これは、称徳天皇が鎮護国家を願い、陀羅尼（梵語の呪文）を印刷したものを木製の三重の塔に納めて寺院に奉納したものである。祈願成就のために多数の経を複製する必要があったことから、印刷という方法が行われたものと考えられる。

図7-1「百万塔陀羅尼」

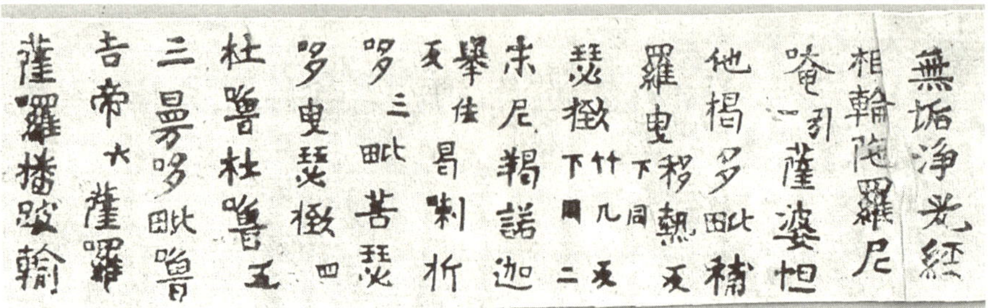
無垢淨光經
相輪陀羅尼

（凸版印刷株式会社　印刷博物館蔵）

当時、百万個の塔が造られ、奈良の大安寺、元興寺、東大寺、西大寺、薬師寺、興福寺、法隆寺、川原寺、大阪の四天王寺、滋賀の崇福寺に納められたという。

このように、日本の印刷のはじまりは、信仰という場で実現していく。

3 信仰から学問へ

その後も寺院を中心に経典の印刷が行われる。

▶春日版…平安時代から鎌倉時代には、奈良の興福寺関係の寺院で印刷された春日版というものが知られている。春日大社に奉納するのが目的であったことによりこう呼ばれる。内容は経典類であるが、経典に訓点を付したものも見られ、経典が学問の教材になっていたことが推定される（図7-2）。

▶高野版…鎌倉時代にはほかに、高野版（高野山）、叡山版（比叡山）なども行われ、印刷される対象も密教関係の経典が加わった。

▶五山版…室町時代には、宋・元の禅宗関係の影響を受けてつくられた五山版がある。五山版では仏典だけでなく、経典の注釈書や問答集、漢詩関係の印刷も行われた。

このように印刷対象が広がり、信仰に関する書物だけでなく、学問のために印刷が行われるようになる。

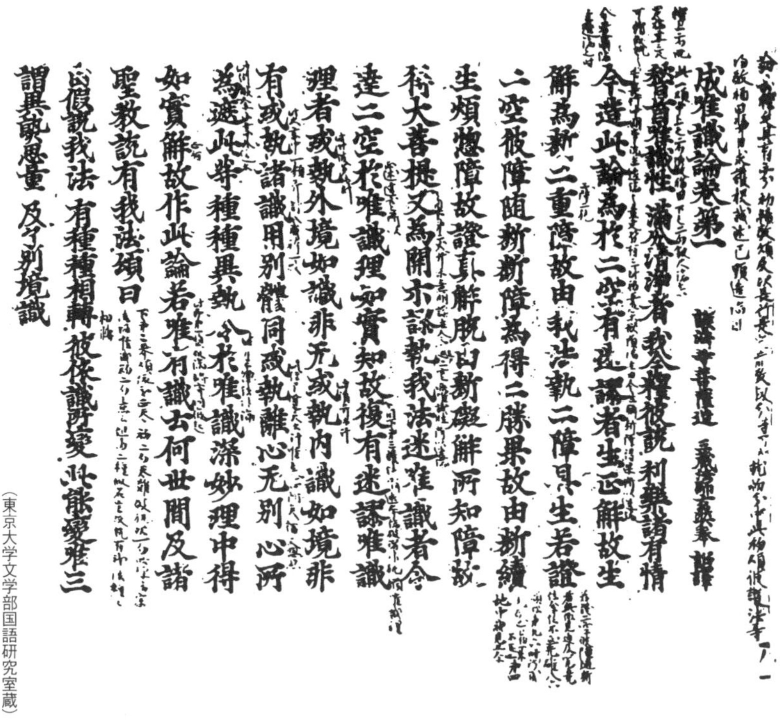
成唯識論巻第一　護法等菩薩造　三藏法師玄奘奉　詔譯
稽首唯識性　滿分清淨者　我今釋彼説　利樂諸有情
今造此論爲於二空有迷謬者生正解故生
解爲斷二重障故由我法執二障具生若證
二空彼障隨斷斷障爲得二勝果故由斷續
生煩惱障故證眞解脱由斷礙解所知障故
得大菩提又爲開示謬執我法迷唯識者令
達二空於唯識理如實知故復有迷謬唯識
理者或執外境如識非无或執内識如境非
有或執諸識用別體同或執離心无別心所
爲遮此等種種異執令於唯識深妙理中得
如實解故作此論若唯有識云何世間及諸
聖教説有我法頌曰
由假説我法　有種種相轉　彼依識所變　此能變唯三
謂異熟思量　及了別境識

図7-2 春日版『成唯識論』

（東京大学文学部国語研究室蔵）

[出典] 沖森卓也編『資料日本語史』（おうふう、1991）より

4 キリシタン版

西洋の印刷は、1445年、グーテンベルクによる活版印刷の発明にはじまり、日本への西洋印刷術の導入は室町時代の末、アレッサンドロ・ワリニャーニによって、島原の加津佐に伝えられた。

キリスト教の布教のために、ローマ字による印刷や、国字による印刷も行われ、キリスト教が禁教となるまでの短い時間に多くの宗教関係書や日本語学習書などが印刷された。しかし、その後の弾圧により、日本の歴史からは姿を消し、その存在が再認識されるのは、明治以降のこととなる。

5 古活字版

▶木製活字…室町時代の末、朝鮮から招来された印刷機により活字印刷が試みられ、その後、後陽成天皇によって、慶長勅版本と言われる木製活字印刷が刊行された。この時期に活字で印刷したものを古活字版（古活字本）と呼ぶ(図7-3)。

▶朝鮮の活字技術…朝鮮の活字技術は古く、12世紀に遡ると言われる。金属活字もつくられており、上述のように日本も大きな影響を受けた。

▶伏見版・駿河版…徳川家康も武家の教育、国家の統治のために『群書治要』（政治の教科書）などの漢籍の活字印刷事業を行った。京都で行われた伏見

図7-3 古活字版

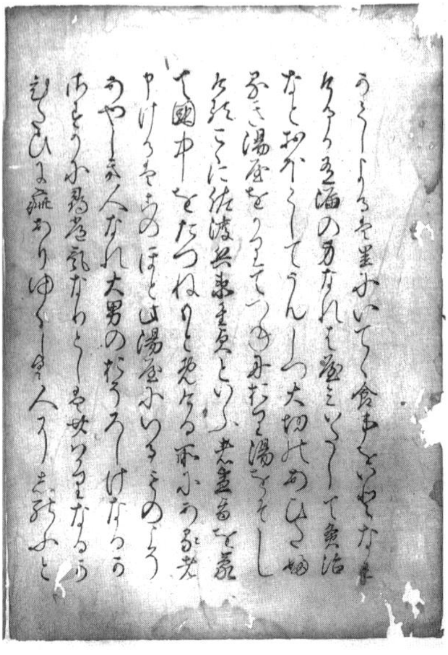

（慶長古活字本『保元物語』）

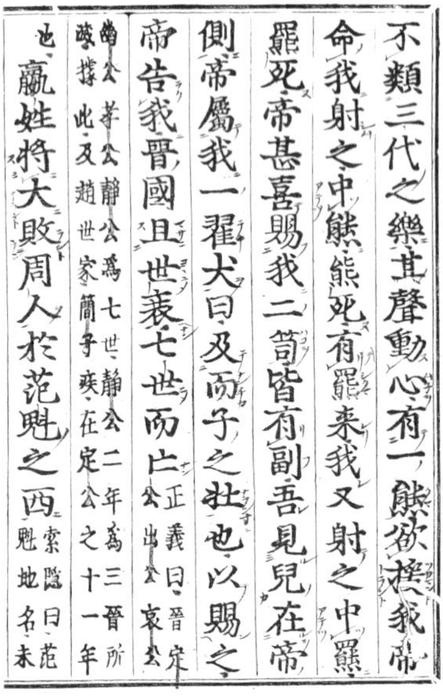

（慶長古活字本『史記』）

版や駿河で行われた駿河版などがあり、当時の活字も現存しているものがある（図7-4）。

▶嵯峨本…江戸時代初期には角倉素庵や本阿弥光悦などによって嵯峨本（京都の嵯峨で行われたことに由来）という、用紙や装丁にも工夫を凝らした豪華本がつくられた。内容は、『伊勢物語』や『徒然草』などの古典文学である。印刷には大変手間がかかり、それだけに貴重なものであった。

上述のようなことから、古活字版は、一般大衆に広まるようなものにはならなかった。 平仮名を含めて、行書や草書で筆記するという当時の書記方法が活字になじまなかったということも一つの要因であったと考えられる。

6 整版による印刷の大衆化

▶整版…江戸時代は、一般には活字を組まず、頁全体を一枚の木版で彫る整版が主流になる（図7-5）。

整版は手間がかかるものの、複数の字種や字の配置に柔軟に対応することができ、増刷に対応できるというメリットがある。このことから、出版の効率がよくなり、出版のコストが下がることで読者層も拡大した。

内容もそれに応じて変化し、従来の仏典や漢籍、古典文学だけでなく、浮世草子や草双紙、洒落本、咄本、滑稽本、人情本、読本、暦や番付、名所案内記など娯楽的な要素の強いものも多く出版されるようになる。

図7-4 駿河版銅活字

（凸版印刷株式会社　印刷博物館蔵）

■江戸・明治時代のベストセラー

- 井原西鶴『好色一代男』
  1682刊　約3,000部
- 貝原益軒『女大学』ほか
  1716～36頃刊
  初版　1,000部刷
- 山東京伝『心学早染艸』
  1790刊　7,000部以上
- 柳亭種彦『偐紫田舎源氏』
  1829～42刊
  各編　10,000部以上
- 福沢諭吉『西洋事情』
  1866～70刊
  150,000部以上
  『学問のすゝめ』
  1872～76刊
  300,000～400,000部

［出典］『江戸東京学事典』（三省堂、2003）をもとに作成

印刷物の流通が盛んになると、江戸・京都・大阪には本屋の組合もでき、貸本屋などの商売も成立した。このように、整版本が文化・社会に与えた影響はきわめて大きく、明治初期まで、この方法が印刷の中心となった。

第2節　印刷の文字〜明治以降（近代）

1　明治時代

江戸時代には主流となっていた版本（整版）は、明治期に入ると、活版にとってかわられていく。蘭通詞の本木昌造は、江戸時代末から活字の製作を行い、明治2（1869）年に上海の美華書館のウィリアム・ガンブルの講習を受け、ガンブルがもたらした明朝体活字を複製し、改刻を続け、明治二十年代になって日本化された書風の築地体が確立した。

明治後半になると、ほかにも秀英体など、各種の書風が用いられるようになる。江戸時代には主に漢籍を印刷する際に用いられた明朝体は、明治初年には、和様と呼ばれる仮名活字と紙面で混ぜて使われるようになる。

そこで、和文活字として仮名活字には改良が進められた。時には楷書体活字、清朝体《せいちょうたい》活字、宋朝体活字なども用いられることがあった。ゴシック体

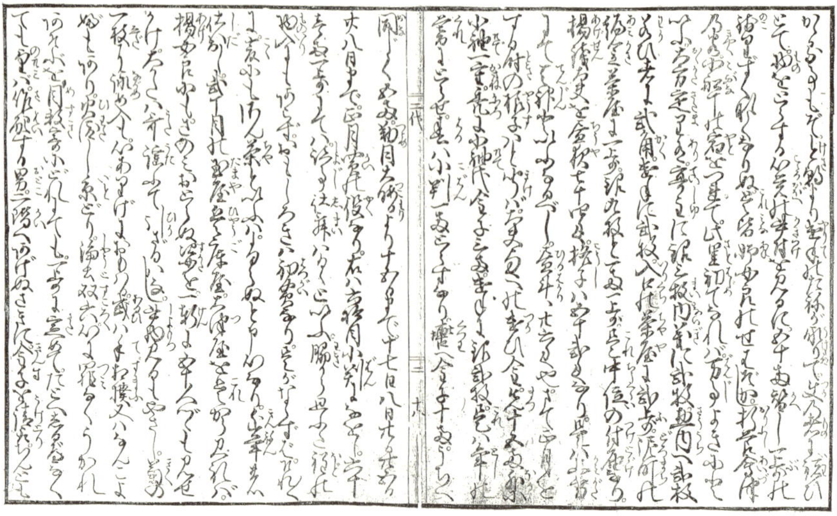

図7-5　整版「好色二代男」貞享元年板

(ゴチック体、サンセリフ体、いわゆる太字) 活字も、明治時代から使用されている。江戸時代の角字《かくじ》に似る面もあるが、その目立つ太い線を維持するために、明朝体と字画まで異なる表現がなされることがある。

活字には木活字、金属活字があり、彫刻活字はもちろん、鋳造活字であっても、刀を入れて仕上げるため、仕上がりが一つずつ微妙に異なることがあった。漢字は字種が多いため、左右を偏と旁などに分けた分合活字（中国で始まった）も一部で用いられた。

くずし字で複数の平仮名を連ねた連綿活字は姿を消すが、連続活字（「陛下」を合わせて鋳造したものなど）も用いられた。新聞などでは、ルビ付き活字が用いられることがあった。ルビの長さの制約から、独自の仮名遣いが選ばれることもあったことが知られている。

書籍、雑誌、新聞などのマスメディアとは別に、小規模な印刷機器も開発、普及が進む。ガリ版（謄写版、孔版）は1894 (明27) 年に堀井新治郎父子が発明、発売し、手書き文字ながら一定の独特な書風とともに広まった(図7-6)。

2 大正・昭和（戦前まで）

杉本京太は、1915年に和文（邦文）タイプライター（2400字）を開発し、活字が比較的手軽に打てる環境を実現した（図7-7)。

1925年には、石井茂吉らが鉛や木

図7-6 戦前の労働運動のポスター
手書きの略字が見られる。

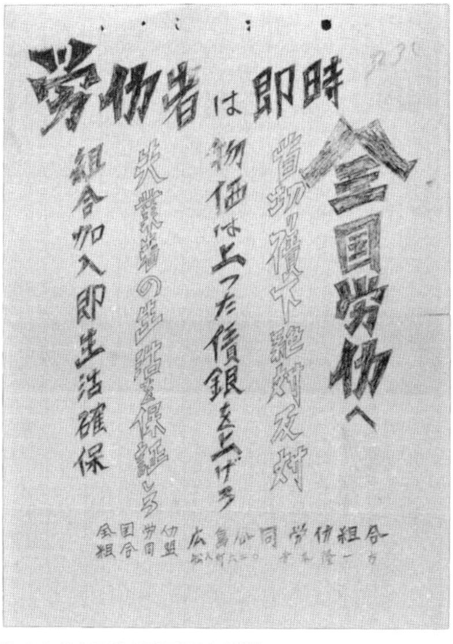

（法政大学大原社会問題研究所蔵）

［出典］全国労働組合同盟／広島合同労働組合、1932より

図7-7 タイプライター

マツダ和文タイプライター 1400型
発売：東芝事務機株式会社、製造：東京電気株式会社、製造年：昭和30年頃
（凸版印刷株式会社　印刷博物館蔵）

の活字を使わない写真植字（写植）を開発し、作字が比較的容易になり、印刷書体のデザインにもより幅が出ることになる。

学校教育のための印刷書体も現れる。教科書体は、字形指導を意識して設計された書体で、昭和に入ってから国定の小学校国語教科書に本文書体として使用され始めた（戦後にその名が現れる）。戦前においては、楷書の筆文字と康熙字典体を折衷させた点がある。

3 戦後

印刷業界では、写真植字の広がりにより、ナール体、ファニー体などが開発され、紙面などで実用された。活字のサイズは、号、ポイントではなくQ（級）で数えられ、一つの字を拡大、縮小することもできるようになった。諸橋轍次『大漢和辞典』（大修館書店）では、5万種に達する漢字を写真植字のために設計し（石井明朝体）、印刷を実現させた（図7-8）。

さらにコンピュータ技術の飛躍的な発展に伴い、電算写植や組版ソフト、さらにDTPなどの印刷のためのシステムが開発され、タイポグラファー、書体（フォント）デザイナーらにより、版面の向上が図られている。オペレーターにより作字やプリンターでの出力もいっそう容易に行えるようになった。平成明朝体などは、電子情報機器の画面上で見やすいようにデザインに工夫がなされている（図7-9）。フォントには著作権は判例上認められていない。なお、「印刷標準字体」が国語審議会から答申されたことがある（図7-10）。

図7-8『大漢和辞典』写真植字

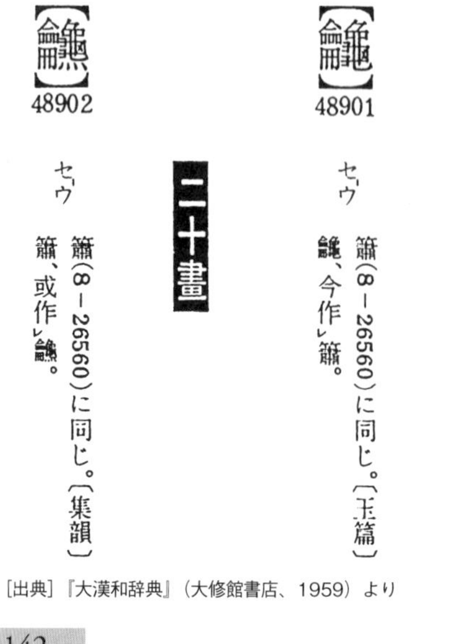

［出典］『大漢和辞典』（大修館書店、1959）より

図7-9 パソコン画面上のさまざまなフォント

MS明朝体
MSゴシック体
平成明朝体
平成角ゴシック体
ポップ体
行書体
楷書体
勘亭流

植字、文選など組版までの工程を職人的な技術が支えたが、次第に機械化されていった。

一方､図面などを複写する青写真(青焼き）は、戦前からあったが、コピー、リソグラフなどが次第に普及し、個人でも複写が可能となった。

ワードプロセッサー（ワープロ）は、1978年に第一号機が発売され、JIS漢字の各水準を段階的に搭載し、仮名漢字変換ソフトの飛躍的な開発が加わり、使用できる漢字と表記が拡大していくようになり、編集、印刷も手軽に行えるようになる。ビットマップフォント（ドット文字）からアウトラインフォント、トゥルータイプフォントへと書体の品質も向上した。

図7-10 印刷書体の字形比較

明朝体（本蘭明朝）

女　心　令　芝　北　込

ゴシック体

女　心　令　芝　北　込

ナール体

女　心　令　芝　北　込

教科書体

女　心　令　芝　北　込

正楷書体

女　心　令　芝　北　込

清朝《せいちょう》体

女　心　令　芝　北　込

パーソナルコンピュータ(パソコン)は、Windows95以降、急速に普及し、内蔵された日本語ワープロソフト、日本語変換システムなどが利用されるようになる。ワープロを凌駕し、携帯電話とのメールなどのやりとりも可能となり、職場、家庭への普及を見せ、MS明朝、Osaka、行書体、江戸文字などのフォントが個人で自在に扱えるようになった。

ワープロやパソコンなどの機器で、簡易に印刷が可能となっている。スキャナーには、文字を読み取り、複写も行える機能が付くなど、さらに精密な編集、印刷を可能とした。

■ JIS規格票

JIS X 0208:1990

							第2バイト														
							b7	0	0	0	0	0	0	0	0	0	0	0	0	0	0
							b6	1	1	1	1	1	1	1	1	1	1	1	1	1	1
							b5	0	0	0	0	0	0	0	0	0	0	0	0	0	0
							b4	0	0	0	0	0	0	0	1	1	1	1	1	1	1
							b3	0	0	0	1	1	1	1	0	0	0	0	1	1	1
							b2	0	1	1	0	0	1	1	0	0	1	1	0	0	1
							b1	1	0	1	0	1	0	1	0	1	0	1	0	1	0
第1バイト							区＼点	1	2	3	4	5	6	7	8	9	10	11	12	13	14
b7	b6	b5	b4	b3	b2	b1															
0	1	0	0	0	0	1	1	(SP)	、	。	，	．	・	：	；	？	！	゛	゜	´	｀
0	1	0	0	0	1	0	2	◆	□	■	△	▲	▽	▼	※	〒	→	←	↑	↓	〓
0	1	0	0	0	1	1	3														
0	1	0	0	1	0	0	4	ぁ	あ	ぃ	い	ぅ	う	ぇ	え	ぉ	お	か	が	き	ぎ
0	1	0	0	1	0	1	5	ァ	ア	ィ	イ	ゥ	ウ	ェ	エ	ォ	オ	カ	ガ	キ	ギ
0	1	0	0	1	1	0	6	Α	Β	Γ	Δ	Ε	Ζ	Η	Θ	Ι	Κ	Λ	Μ	Ν	Ξ
0	1	0	0	1	1	1	7	А	Б	В	Г	Д	Е	Ё	Ж	З	И	Й	К	Л	М
0	1	0	1	0	0	0	8	─	│	┌	┐	┘	└	├	┬	┤	┴	┼	━	┃	┏
0	1	0	1	0	0	1	9														
0	1	0	1	0	1	0	10														
0	1	0	1	0	1	1	11														
0	1	0	1	1	0	0	12														
0	1	0	1	1	0	1	13														
0	1	0	1	1	1	0	14														
0	1	0	1	1	1	1	15														
0	1	1	0	0	0	0	16	亜	唖	娃	阿	哀	愛	挨	姶	逢	葵	茜	穐	悪	握
0	1	1	0	0	0	1	17	院	陰	隠	韻	吋	右	宇	烏	羽	迂	雨	卯	鵜	窺
0	1	1	0	0	1	0	18	押	旺	横	欧	殴	王	翁	襖	鴬	鴎	黄	岡	沖	荻
0	1	1	0	0	1	1	19	魁	晦	械	海	灰	界	皆	絵	芥	蟹	開	階	貝	凱
0	1	1	0	1	0	0	20	粥	刈	苅	瓦	乾	侃	冠	寒	刊	勘	勧	巻	喚	堪
0	1	1	0	1	0	1	21	機	帰	毅	気	汽	畿	祈	季	稀	紀	徽	規	記	貴
0	1	1	0	1	1	0	22	供	侠	僑	兇	競	共	凶	協	匡	卿	叫	喬	境	峡
0	1	1	0	1	1	1	23	掘	窟	沓	靴	轡	窪	熊	隈	粂	栗	繰	桑	鍬	勲
0	1	1	1	0	0	0	24	検	権	牽	犬	献	研	硯	絹	県	肩	見	謙	賢	軒
0	1	1	1	0	0	1	25	后	喉	坑	垢	好	孔	孝	宏	工	巧	巷	幸	広	庚
0	1	1	1	0	1	0	26	此	頃	今	困	坤	墾	婚	恨	懇	昏	昆	根	梱	混
0	1	1	1	0	1	1	27	察	拶	撮	擦	札	殺	薩	雑	皐	鯖	捌	錆	鮫	皿
0	1	1	1	1	0	0	28	次	滋	治	爾	璽	痔	磁	示	而	耳	自	蒔	辞	汐
0	1	1	1	1	0	1	29	宗	就	州	修	愁	拾	洲	秀	秋	終	繍	習	臭	舟
0	1	1	1	1	1	0	30	勝	匠	升	召	哨	商	唱	嘗	奨	妾	娼	宵	将	小

4 印刷がもたらしたもの

近代の印刷技術は、書籍の大量の複製を可能とし、共通の情報を人々に広く伝播し、文字の大衆化を促した。

校正は、印刷物に誤植などが残らないようにするための作業であり、日本語の表記規則を原稿に一定程度まで反映させる働きをもつ。また、漢字制限と漢字の普及の両方に機能し、約物など表記の規則化、効率化を促し、読みやすい紙面によって文字で書かれた情報を大衆化することに大きく貢献した。印刷に際しては、版面における行頭、行末の禁則処理についてなど、独自のルールも生み出された(図7-11)。

字形の固定化をもたらし、反動として手書き文字の味わいを考え直す契機を生んだ。また、一次原稿に残された執筆者の表現意図などがかえって失われるということを忘れさせる傾向もある。活字への信頼度は一般に高く、活字そのものに従って表記しようとする意識を生んだ。活字離れは、印刷刊行物を読まなくなった傾向をさすものであり、活字は鉛や木でつくられた物としてはすでに激減しているが、印刷物全般を表す語となっている。

ワープロやケータイでの入力が、そのままプリントアウトできる時代を迎え、活字として印刷される文字が伝える情報の価値について、見定められる確かな目が求められるようになっている。

図7-11 校正記号入りの原稿

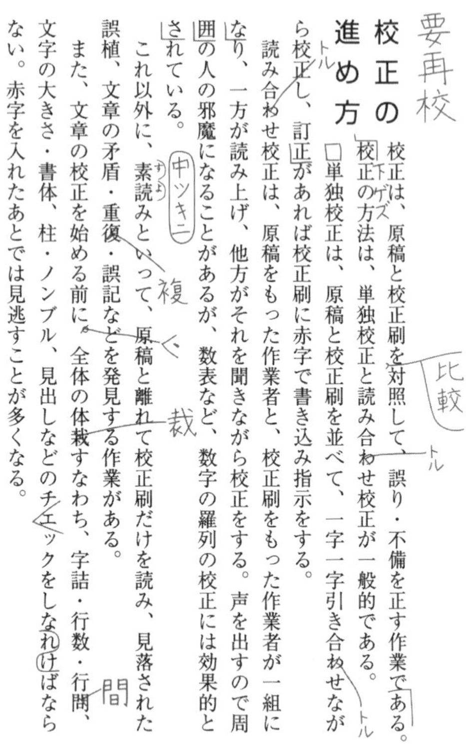
校正の進め方

校正は、原稿と校正刷を対照して、誤り・不備を正す作業である。
校正の方法は、単独校正と読み合わせ校正が一般的である。
□単独校正は、原稿と校正刷を並べて、一字一字引き合わせながら校正し、訂正があれば校正刷に赤字で書き込み指示をする。
読み合わせ校正は、原稿をもった作業者と、校正刷をもった作業者が一組になり、一方が読み上げ、他方がそれを聞きながら校正をする。声を出すので周囲の人の邪魔になることがあるが、数表など、数字の羅列の校正には効果的とされている。
これ以外に、素読みといって、原稿と離れて校正刷だけを読み、見落とされた誤植、文章の矛盾・重複・誤記などを発見する作業がある。
また、文章の校正を始める前に、全体の体裁すなわち、字詰・行数・行間、文字の大きさ・書体、柱・ノンブル、見出しなどのチェックをしなければならない。赤字を入れたあとでは見逃すことが多くなる。

[出典] 野村保恵監修『編集校正便覧』(印刷学会出版部)より

第3節　日本の書道

1　書道とは

書道とは毛筆を用いた手書き文字の手法である。中国では、後漢の時代に筆と紙が改良されて盛んになり、魏・晋の頃、王羲之・献之父子によって発達した。その書法や様式にはさまざまな段階のものがあるが、主な書体には、篆書・隷書・楷書・行書・草書がある。

また、書道には情報伝達や教育などを目的とした実用的な側面と、鑑賞を目的とした芸術的な側面がある。

2　日本における書道

●文字の伝来

中国からの文字の伝来は、現存の鉄剣や石碑などに記された日本語の状況から5世紀前半頃であったと推定されている。正倉院には、当時の筆記道具が収蔵されている（図7-12）。

●模倣と信仰

その後、経典が中国から伝来し、仏教信仰が広まるにつれて、写経を通じて書道が行われるようになったと考えられている。日本の書道はまずは模倣

図7-12　筆・硯　正倉院宝物

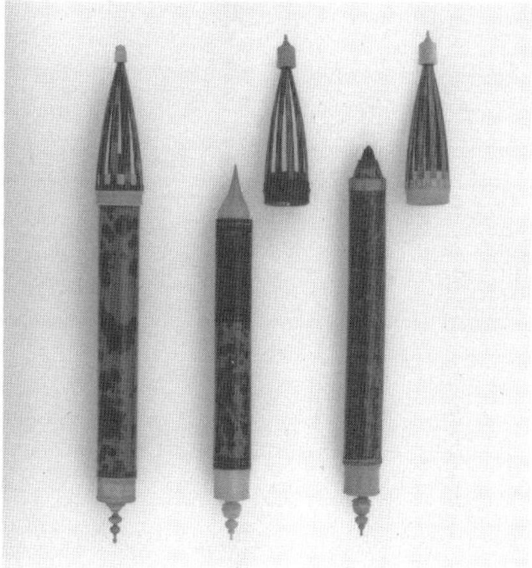

斑竹管《はんちくのかん》牙頭《げのとう》白銀《はくぎん》荘《かざりの》筆《ふで》（左）ほか2本

青斑石《せいはんせき》荘《かざりの》硯《すずり》

（正倉院蔵）

と信仰という側面からはじまった。

紙に書かれた日本最古の書として伝えられているのが聖徳太子筆『法華義疏』(615頃)である。真跡かどうかに関しては議論があるが、奈良時代以前にかかれた作品である点には疑いはないとされる。書体は六朝（4・5世紀の中国）の書きぶりの影響を受けているとされる。

●和様の成立

はじめは、遣隋使や遣唐使などを通じて、中国の仏典や漢籍と共に書道が採り入れられ、その影響が大きかった。しかし、やがて中国の模倣から、日本風の書道（和様）が成立する。空海・嵯峨天皇・橘逸勢らは三筆と称され、その先駆けとされる。

3 芸術としての書道

●和様の確立

平安時代の中期以降になると、柔らかく丸みを帯びた日本的な書道のスタイルである和様が確立する。この時代の能書家としては小野道風・藤原佐理、藤原行成らが三跡《さんせき》と称される。

●鑑賞の対象へ

漢字から万葉仮名、平仮名が成立し、それに伴って仮名の書道という日本独特の書道も成立し、和歌の散らし書きや書翰といった古筆が現存している（図7-13）。また、装飾経といって、装飾された料紙に経が筆写された例も

図7-13「継色紙《つぎしきし》」

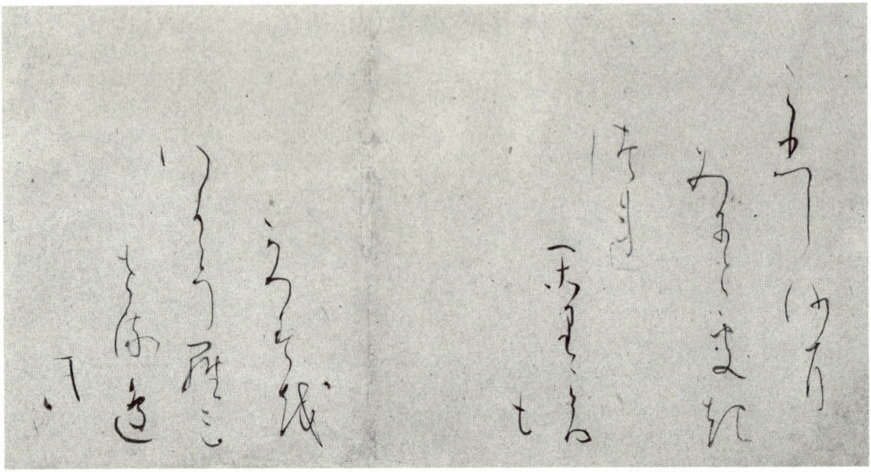

伝小野道風筆。「こひしさに　みにこそきつれ　かりころも　かへすをいかゞ　うらみさるべき」

（国立東京博物館蔵）Image:TNM Image Archives Source:http://TnmArchives.jp/

見られる。このように、実用だけでなく鑑賞を前提とした芸術的な側面も重視されるようになる。

4 流派書道

和様が確立後、鎌倉時代になると、書風によっていくつかの流派が成立する。藤原行成を始祖とする世尊寺流や、藤原定家の定家流（図7-14）、尊円親王の青蓮院流（のちの御家流）、歴代天皇の書（宸翰流）などが見られる。一方、鎌倉新仏教の伝来により、宋や元の影響を受けた新しい書道（墨跡とも言われる）が行われていく。

5 実用の書道

実用としての書道は、消息（書翰）、日記が多く残されているが、その多くは貴族や僧侶のものであった。室町時代以前は、庶民によって書かれた資料の残存はわずかであるが、まったくないわけではない。たとえば、木簡という木札に文字を記したものや、室町時代の農民の片仮名訴状なども存在する。しかし、資料が断片的であるため、実際の状況を復原することは今後の課題である。

6 文化と書道の広がり

●書き手の多様化

室町時代後期から江戸時代以降は市民経済や町人文化の発達により、武士・町人・茶人にも書き手が広がっていく。

図7-14 定家流

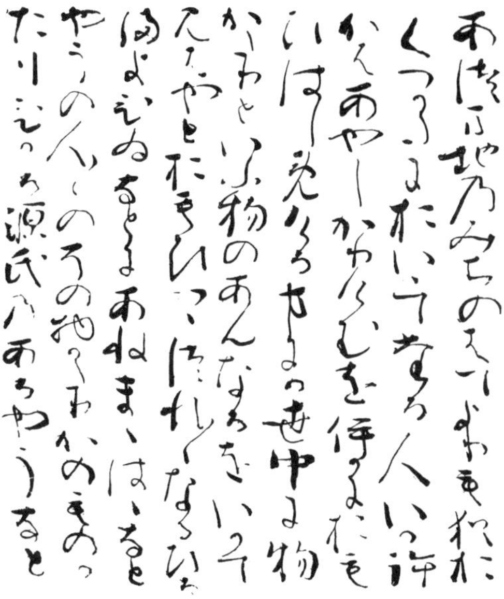

（定家自筆『更級日記』冒頭、宮内庁蔵）

［出典］『御物本　更級日記』（武蔵野書院、1955）より

●**教育の手段としての書道**

印刷が普及してない時代には、書道は教育（読み書き算盤など）の手段として必須のものであった。江戸時代では、幕府の公用書、寺子屋の手本などに御《お》家《いえ》流《りゅう》という書体が用いられたことが知られている。

●**デザインとしての書体**

江戸時代以降、歌舞伎や相撲の番付などの独特の書体として勘《かん》亭《てい》流《りゅう》（図7-15）という書体が用いられる。

●**唐様**

一方、儒家や文化人などには明の影響をうけた中国風の書道である唐様が用いられ、流行をみせ、明治以降も行われた。

7　明治以降の書道

明治中期からは、書道も芸術としての発展をし、現在もさまざまな試みが行われている。

●**手書きの減少**

日常生活では手書きそのものが減ったために、手紙、年賀状、賞状、祝儀・不祝儀の熨斗袋などにも毛筆はあまり使われなくなってきている。その代わりに毛筆の印刷が可能なソフトが普及している。書くのではなく、毛筆風デザインとして印刷する時代となっている。

図7-15　勘亭流

［出典］竹柴蟹助『勘亭流教本』（グラフィック社、1967）より

第4節　文字遊び

1　文字遊びとは

文字遊びとは、文字の読み方、配列、形、意味などを利用して、それらを再構築することで、そこに本来とは異なる意味を見出していく遊びと言える。

子どもの文字の記憶術として用いられたり、洒落として楽しまれたりしているものがある。

2　仮名を利用したもの

仮名が音節文字であることを利用して、さまざまな試みがなされている。

▶手習い歌…読み方や配列を利用したものには、手習い歌（「いろは歌」（11世紀）がある。「色は匂へど、散りぬるを…」という七五調で、意味のある配列がつくられている。同様のものに「大為尓歌」や「あめつち」（平安中期頃）がある。

▶折句ほか…意味のあるまとまりとしては、和歌の形式がよく利用され、折句という手法も行われた。和歌に「かきつばた」を詠み込んだ折句「からごろもきつつなれにしつましあればはるばるきぬるたびをしぞおもふ」（『伊勢物語』10世紀頃）や、初めと終わりに同じ文字をよみこんだ沓冠歌、クロ

■さまざまな手習い歌

いろは歌と同様に、音節（文字）の重複なく、意味が通るようにつくられた歌は、さまざまなものが試みられている。

はるごろうえし　あいおゐの
ねまつゆくゑ　にほふなり
よわひをすへや　かさぬらむ
きみもちとせぞ　めでたけれ
　春頃植えし相生の
　根松行くゑ匂ふなり
　齢を末や重ぬらむ
　君も千歳ぞめでたけれ
　（未足齋六林『つの文字』「琴歌」18世紀末）

あめふれは　ゐせきをこゆる
みつわけて　やすくもろひと
おりたちうゑし　むらなへ
そのいねよ　まほにさかえぬ
　雨降れば　井堰を越ゆる
　水分けて　やすく諸人
　下り立ち植ゑし　群苗
　その稲よ　真穂に栄えぬ
　（本居宣長『鈴屋集』巻五「同じ文字なき四十七文字の歌」18世紀末）

とりなくこゑす　ゆめさませ
みよあけわたる　ひんがしを
そらいろはえて　おきつへに
ほふねむれゐぬ　もやのうち
　鳥鳴く声す夢さませ
　見よ明けわたる東を
　空色映えて沖つ辺に
　帆舟群れ居ぬ靄のうち
　（坂本百次郎『万朝報』「国音の歌」応募第一等1903）

■和歌とことば遊び

折句のほか、物名《もののな》（ことばを和歌の中に埋め込む手法）や和歌が回文になっているもの、沓歌など技巧を凝らした多くの作がある。

- 笹　松　枇杷　芭蕉葉
  いさゝめにときまつまにぞ日はへぬる　こころばせをば人に見えつつ・紀乳母（『古今和歌集』905）
- むら草に草の名はもし備はらばなぞしも花の咲くに咲くらむ・小輪尼（『悦目抄』鎌倉中期）
- あらさじと打ち返すらし小山田の苗代水にぬれて作るあ（『源順集』「あめつち」10世紀後半）
  ※「あ」は畦の意

スワードのように和歌を配した双六盤歌、碁盤歌なども見られる。

▶回文…文字の配列に関して、上から読んでも下から読んでも同じ読み方ができる回文がある。「竹藪焼けた」のように短いものから、初夢のときに枕の下に入れる「ながきよのとおのねぶりのみなめざめなみのりぶねのおとのよきかな」というような長いものまでさまざまなものがある。

▶仮名の形…文字の形を利用した例としては、仮名では「恋しく」という語を折り込んだ「二つ文字牛の角文字すぐな文字ゆがみ文字とぞ君はおぼゆる」という和歌もある（二つ文字→こ、牛の角文字→ひ、または い、すぐな文字→し、ゆがみ文字→く、「徒然草第62段」14世紀前半）。

3 漢字を利用したもの

漢字を利用したものは、次のようなものがある。

▶漢字の分解…漢字の形を分解したものとして、たとえば、「出」という漢字を「山上復有山」と書いたものや（『万葉集』奈良時代後期）、「嵐」の字を山と風に分けて「ふくからに秋の草木のしをるればむべ山風を嵐といふらむ」（文屋康秀、9世紀）というような和歌に詠んだりしているものがある。江戸時代からの落語「平林」にも、この平林という名前を「たいらばやしかひらりんかいちはちじゅうのもくもく」といろいろに呼ぶところがあり、同様の趣向であろう。また、「女」という漢字を「くのいち」といったり、「只」（無料という意味）を「ロハ」といったり、「戀（恋）」という漢字の記憶のために

図7-16 引札（山東京伝作）

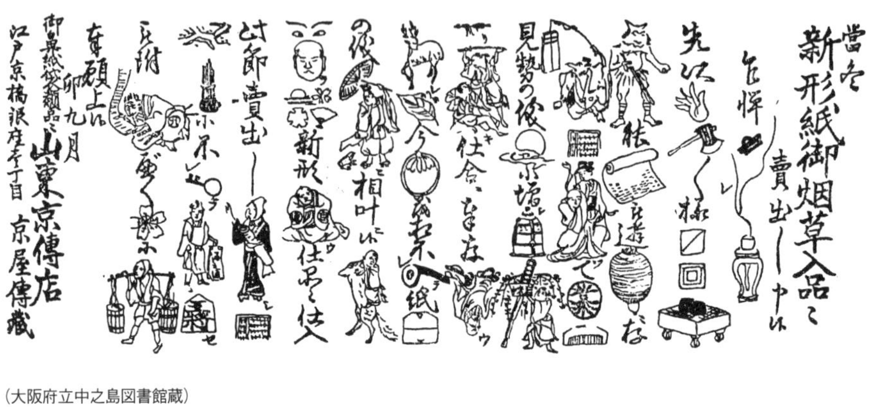

（大阪府立中之島図書館蔵）

「いとしいとしという心」などという言い回しもよく知られている。

長寿を祝う「喜寿」「米寿」「卒寿」「白寿」なども、漢字を分解して「七十七（草書体）」「八十八」「九十（略字体）」「百引く一→九十九」となるところからきている。

▶漢字の意味…漢字の意味を利用したものとしては、掛け算九九を用いて、「十六」と書いて「しし」、「二八十一」と書いて「にくく」と読ませるというような例（『万葉集』）がある。

4 絵を利用したもの

絵を利用したものは、次のようなものがある。

▶判じ物…江戸時代には、庶民の娯楽として判じ物という、絵や文字の意味を当てる遊びがあった。これらを利用した引き札（宣伝用のちらし）なども残されている（図7-16）。

飲食店などにかかげられている「春夏冬二升五合」の札を「春夏冬→秋ない→商い、二升→升升→益々、五合→半升→繁盛」と読ませる文字の判じ物もある。

▶絵文字・文字絵…このほか、絵が文字を代用する絵文字や、文字で絵を描く文字絵「へのへのもへじ」「つるさんはまるまるむし」などがある。

近年では、パソコンや携帯電話の普及によって、文字フォントを利用して記号を組み合わせることによって文字に似た形を作り出すギャル文字（「あいしてる」→「ぁい U τ ゑ」）や記号などで、顔の表情に似た形を表記して、文章にニュアンスを添える顔文字「:-)、(^O^)、(-_-;)、(@_@)、m(_ _)m」、複数行を用いて文字や記号で絵をつくるアスキーアートなども行われている。

引き札（解読文）

当冬
新型紙烟草入品々
　売出し申し候
憚り乍ら口（香）上（錠）。
先以て（手）各々（斧斧）様 益々（枡枡）御（碁）
／機嫌（鬼剣）能く、御座（莚）遊ばされ珍重（提灯
が逆さ）に存じ／奉り（楯魔釣り）候《そろ》（算盤の半分）
従って私（綿・櫛）／みせの儀日に増し繁盛（半鐘に
濁点）仕り（柄祭り）、／有り（蟻）難き（讐）仕合
せに存じ奉り候（老僧の逆さ）。／然れば（鹿れ葉）
今年（澤村訥子〈歌舞伎役者〉の紋）も相変わら（瓦）
ず、紙烟草入／の儀、当風（小野道風）に相叶ひ候。
古今（児に狐《こん》）／珍らしき（目面四季）新型工風（作
者の姿）仕る品々仕入、／此節売出し申し（夜鷹の呼
び声）候《そろ》。／多少（田笙）に限（鍵）らず、御用仰
（王）せ／附られ下さる（九太夫が半分猿）べく、偏
（一重咲）にこひ（肥）／願上げ奉り候。
卯九月
御鼻紙袋類品々　山東京伝店
江戸京橋銀座一丁目　京屋伝蔵

［出典］『露伴全集』第二九巻（岩波書店、1954）をもとに作成

主要参考文献 ＊本文の記述と関係のある主要なものを示すにとどめた

●全般に渡るもの

［辞典類］

河野六郎・千野栄一・西田龍雄編『言語学大辞典　別巻　世界文字辞典』三省堂　2001
国語学会編『国語学大辞典』東京堂出版　1980
佐藤喜代治編『国語学研究事典』明治書院　1977
佐藤喜代治ほか編『漢字百科大事典』明治書院　1996
世界の文字研究会編『世界の文字の図典』吉川弘文館　1993
武部良明『日本語の表記』角川書店（角川小辞典29）　1979
飛田良文ほか編『日本語学研究事典』明治書院　2007
吉田金彦ほか編『訓点語辞典』東京堂出版　2001

［叢書類］

北原保雄監修『朝倉日本語講座』朝倉書店　2002-2005
佐藤喜代治編『漢字講座』明治書院　1987-1989
福井久蔵選輯『国語学大系』（復刻版）国書刊行会　1975
前田富祺・野村雅昭編『朝倉漢字講座』　2003-2006

［資料集］

沖森卓也編『資料日本語史』おうふう　1991
国語学会編『国語史資料集』武蔵野書院　1976
国語学会編『国語学史資料集』武蔵野書院　1979
国語教育研究会編輯『国語国字教育史料総覧』国語教育研究会　1969
吉田澄夫・井之口有一編『明治以降　国字問題諸案集成』風間書房　1962

［日本語・日本語史を概説したもの］

沖森卓也ほか『図解日本語』三省堂　2006
沖森卓也編『日本語概説』朝倉書店　2010
沖森卓也『初めて読む日本語の歴史』ベレ出版　2010
沖森卓也編『日本語史概説』朝倉書店　2010

第1章

中西亮『世界の文字』松香堂　1975
西田龍雄編『講座言語5　世界の文字』大修館書店　1981
『（改定）常用漢字表』文化庁　2010
宮島達夫ほか編『図説日本語　グラフで見ることばの姿』（角川小辞典９）角川書店　1982

第2章

阿辻哲次『図説漢字の歴史』大修館書店　1989
乾善彦『漢字による日本語書記の史的研究』塙書房　2003
エツコ・オバタ・ライマン『日本人の作った漢字—国字の諸問題 』（叢書ことばの世界）南雲堂　1990
笹原宏之『国字の位相と展開』三省堂　2007
笹原宏之『訓読みのはなし　漢字文化圏の中の日本語』（光文社新書）光文社　2008
杉本つとむ『異体字とは何か』桜楓社　1978
田島優『近代漢字表記語の研究』和泉書院　1998
沼本克明『日本漢字音の歴史』東京堂出版　1986
沼本克明『日本漢字音の歴史的研究—体系と表記をめぐって』汲古書院　1997
橋本進吉『古代国語の音韻について』（岩波文庫）岩波書店　1980
飛田良文監修・菅原義三編『国字の字典』東京堂出版　1990
文化庁文化部国語課『漢字字体資料集』（諸案集成１・２）1996・1997
森博達『日本書紀の謎を解く—述作者は誰か—』（中公新書）中央公論社　1999

第3章

沖森卓也『日本古代の表記と文体』吉川弘文館　2000
沖森卓也『日本古代の文字と表記』吉川弘文館　2009

小倉進平「郷歌及吏読の研究」(『京城帝国大学法文学部紀要』1　1931)
小松英雄『いろはうた—日本語史へのいざない—』(講談社学術文庫) 講談社　2009
築島裕『平安時代語新論』東京大学出版会　1969
築島裕『日本語の世界5　仮名』中央公論社　1981
矢田勉「かなの字母とその変遷」(『文字のちから—写本・デザイン・かな・漢字・修復—』学燈社　2007)
山内洋一郎「ことば『平仮名』の出現と仮名手本」(『国語国文』80-2　2011)

第4章
杉本つとむ『杉本つとむ著作選集』八坂書房　1998-1999
高島俊男「円はなぜYENなのか」(『週刊文春』2002年10月31日号)
田丸卓郎『ローマ字国字論』岩波書店　1914
マーシャル・アンガー『占領下日本の表記改革』三元社　2001
丸谷才一編著『日本語の世界16　国語改革を批判する』中央公論社　1983

第5章
江川清ほか編『記号の事典』三省堂　1985
小松英雄『日本声調史論考』風間書房　1971
小学館辞典編集部編『句読点、記号・符号活用辞典。』小学館　2007
張秀民ほか『活字印刷の文化史　きりしたん版・古活字版から新常用漢字表まで 』勉誠出版　2009
築島裕『平安時代語新論』東京大学出版会　1969
築島裕『訓点語彙集成　総論・載録文献一覧』汲古書院　2009
沼本克明『日本漢字音の歴史的研究ー体系と表記をめぐって』汲古書院　1997

第6章
阿辻哲次『戦後日本漢字史』(新潮選書) 新潮社　2010
池上禎造『漢語研究の構想』岩波書店　1984
円満字二郎『人名用漢字の戦後史』(岩波新書) 岩波書店　2005
円満字二郎『常用漢字の事件簿』(生活人新書) 日本放送出版協会　2010
国立国語研究所編『送り仮名法資料集』秀英出版　1952
国立国語研究所『外来語の形成とその教育』大蔵省印刷局　1990
笹原宏之『日本の漢字』(岩波新書) 岩波書店　2006
笹原宏之『当て字・当て読み漢字表現辞典』三省堂　2010
佐藤稔『読みにくい名前はなぜ増えたか』(歴史文化ライブラリー) 吉川弘文館　2007
武部良明『日本語表記法の課題』三省堂　1981
築島裕『歴史的仮名遣い　その成立と特徴』(中公新書) 中央公論社　1986
野村敏夫『国語政策の戦後史』大修館書店　2006
古田東朔・築島裕『国語学史』東京大学出版会　1972
文化庁『国語施策百年史』ぎょうせい　2006

第7章
石川九楊『日本書史』名古屋大学出版会　2001
板倉雅宣『教科書体変遷史』朗文堂　2003
印刷史研究会編『本と活字の歴史事典』柏書房　2000
片岡二朗『秀英体研究』大日本印刷　2004
小松茂美『日本書流全史』講談社　1970
小松英雄『いろはうた—日本語史へのいざない—』(講談社学術文庫) 講談社　2009
笹原宏之・横山詔一・エリク=ロング『現代日本の異体字』三省堂　2003
凸版印刷株式会社印刷博物誌編纂委員会編『印刷博物誌』紀伊國屋書店　2001
府川充男『印刷史／タイポグラフィーの視軸』実践社　2005

事項・人名・書名索引

執筆担当者一覧

第1章 総説……………………沖森卓也

第2章 漢字

第1節　漢字の起源と展開／第2節　書体／第3節　字体／第4節　漢字の構成 ……………………笹原宏之

第5節　漢字音 ……………山本真吾

第6節　訓／第7節　国字と国訓／第8節　当て字 ……………笹原宏之

第3章 仮名……………………山本真吾

第4章 ローマ字………………常盤智子

第5章 補助符号

第1節　訓点の方法／第2節　濁点／第3節　半濁点／第4節　踊り字／第5節　句読点 …………山本真吾

第6節　さまざまな符号・記号 ……………………………常盤智子

第6章 表記法

第1節　仮名遣い／第2節　送り仮名・振り仮名／第3節　外来語の書き方 ……………………常盤智子

第4節　漢字政策 …………笹原宏之

第7章 文字と社会

第1節　印刷の歴史 ………常盤智子

第2節　印刷の文字～明治以降（近代） ……………………笹原宏之

第3節　日本の書道／第4節　文字遊び ……………………常盤智子

沖森卓也（おきもり・たくや）
1952年生まれ。東京大学大学院人文科学研究科国語国文学専攻修士課程修了。博士（文学）。現在、立教大学名誉教授。主要著書に『日本古代の表記と文体』（吉川弘文館、2000）、『初めて読む日本語の歴史』（ベレ出版、2010）など。

笹原宏之（ささはら・ひろゆき）
1965年生まれ。早稲田大学大学院文学研究科日本文学専攻博士後期課程単位取得満期退学。博士（文学）。現在、早稲田大学社会科学総合学術院教授。主要著書に『日本の漢字』（岩波新書、2006）、『国字の位相と展開』（三省堂、2007）など。

常盤智子（ときわ・ともこ）
1967年生まれ。東京大学大学院人文社会系研究科日本文化研究専攻（日本語日本文学専門分野）博士課程単位取得満期退学。博士（文学）。現在、白百合女子大学文学部教授。主要論文に「J.リギンズ『英和日用句集』の成立過程―『南山俗語考』との関連を中心に―」「国語と国文学」第81巻第10号（至文堂、2004）など。

山本真吾（やまもと・しんご）
1961年生まれ。広島大学大学院文学研究科国語学国文学専攻博士課程後期退学。博士（文学）。現在、東京女子大学現代教養学部教授。主要著書に『平安鎌倉時代に於ける表白・願文の文体の研究』（汲古書院、2006）など。

図解日本の文字

2011年 5 月20日第 1 刷発行
2020年 1 月10日第 2 刷発行

著　者：沖森卓也、笹原宏之、常盤智子、山本真吾
発行者：株式会社三省堂　代表者　北口克彦
印刷者：三省堂印刷株式会社
発行所：株式会社三省堂
〒101-8371
東京都千代田区神田三崎町2丁目22番14号
電話　編集(03)3230-9411　営業(03)3230-9412
https://www.sanseido.co.jp/

落丁本・乱丁本はお取り替えいたします。

ISBN978-4-385-36480-3
〈図解日本の文字・160pp.〉